John Coleman

A DINASTIA ROTHSCHILD

John Coleman

John Coleman é um autor britânico e antigo membro dos Serviços Secretos de Inteligência. Coleman produziu várias análises do Clube de Roma, da Fundação Giorgio Cini, da Forbes Global 2000, do Colóquio Interreligioso para a Paz, do Instituto Tavistock, da Nobreza Negra e outras organizações que se aproximam do tema da Nova Ordem Mundial.

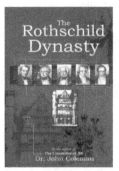

A dinastia Rothschild

The Rothschild Dynasty

Traduzido do inglês e publicado pela Omnia Veritas Limited

© Omnia Veritas Ltd - 2023

www.omnia-veritas.com

PREÂMBULO 13

CAPÍTULO 1 19

COMO UM COMERCIANTE DE TRAPOS SE TORNOU UM DOS HOMENS MAIS RICOS DO
MUNDO 19

CAPÍTULO 2 25

MAYER AMSCHEL E CINCO DOS SEUS FILHOS GOZAM DE BOA SORTE 25

CAPÍTULO 3 31

OS ROTHSCHILDS ENTRAM NA ALTA SOCIEDADE EUROPEIA 31

CAPÍTULO 4 35

AS PAREDES DE JERICÓ [FRANKFURT] ESTÃO A DESMORONAR-SE 35

CAPÍTULO 5 39

OS ROTHSCHILDS SAQUEIAM AS CINCO GRANDES POTÊNCIAS........................... 39

CAPÍTULO 6 46

BENJAMIN DISRAELI: UM ESPIÃO PARA OS ROTHSCHILDS 46

CAPÍTULO 7 52

TESTEMUNHOS SOBRE OS HORRORES DA REVOLUÇÃO FRANCESA 52

CAPÍTULO 8 59

BISMARCK REVELA O "TERRENO FINANCEIRO ELEVADO QUE DOMINA A EUROPA... 59

CAPÍTULO 9 65

UM ASPECTO MUITO NEGLIGENCIADO DA ESCRAVATURA NEGRA NA AMÉRICA 65

CAPÍTULO 10 74

NATHAN ROTHSCHILD EQUILIBRA A DÍVIDA FRANCESA................................... 74

CAPÍTULO 11 84

A FRANÇA SOBREVIVE A UMA OFENSIVA COMUNISTA................................... 84

CAPÍTULO 12.. 93

SALOMON ROTHSCHILD MOSTRA A SUA FORÇA FINANCEIRA 93

CAPÍTULO 13.. 108

A SOCIEDADE DAS NAÇÕES: UMA TENTATIVA DE ESTABELECER UM ÚNICO GOVERNO MUNDIAL.. 108

CAPÍTULO 14.. 113

O GOVERNO BRITÂNICO TRAI OS ÁRABES E LAWRENCE DA ARÁBIA................... 113

CAPÍTULO 15.. 119

UMA CONVERSA DUPLA SORRATEIRA... 119

CAPÍTULO 16.. 128

PÉRFIDA ALBION' VIVE À ALTURA DA SUA REPUTAÇÃO................................... 128

CAPÍTULO 17.. 135

UM CARROSSEL DE TRÊS VIAS DECIDE O DESTINO DA PALESTINA...................... 135

CAPÍTULO 18.. 140

SIONISTAS ASSUMEM A PALESTINA 140

CAPÍTULO 19.. 145

OS ROTHSCHILDS ESTABELECEM UM BANCO CENTRAL NA AMÉRICA................. 145

CAPÍTULO 20.. 152

CONSTITUIÇÃO DOS EUA ESPEZINHADA POR LEGISLADORES CORRUPTOS ROTHSCHILD 152

CAPÍTULO 21.. 159

OS ROTHSCHILDS FRUSTRAM A CONSTITUIÇÃO AMERICANA 159

CAPÍTULO 22.. 166

OS ROTHSCHILDS ROMPEM A CÂMARA DOS LORDES 166

CAPÍTULO 23 .... **174**

O SUBSTITUTO DE ROTHSCHILD FINANCIOU O ATAQUE À RÚSSIA 174

CAPÍTULO 24 .... **181**

ALGUNS PONTOS DE VISTA SOBRE OS ROTHSCHILDS, O SEU PAPEL NA GUERRA, REVOLUÇÃO E INTRIGA FINANCEIRA 181

JÁ PUBLICADO **187**

O Dr. John Coleman, autor de *The Committee of 300*, conta a história de como Mayer Amschel, o fundador da dinastia "Red Shield", adquiriu a sua primeira fortuna. Isto está longe dos mitos e lendas que ainda rodeiam o homem que começou como comerciante de trapos e penhorista, trabalhando a partir de uma pequena casa na Judenstrasse em Frankfurt am Main, Alemanha, onde viveu com a sua esposa e família.

Os acontecimentos históricos são frequentemente causados por uma "mão escondida" puxando os cordelinhos de reis, príncipes e potentados dos bastidores. Este fenómeno é explicado e as lendas que cresceram em torno dos Rothschilds são analisadas por este livro, que também revela como as intrigas Rothschild derrubaram homens como Napoleão e o czar Alexandre II da Rússia.

A lenda diz que Mayer Amschel Rothschild "genialidade e capacidade financeira" foram herdados pelos seus filhos, mas a verdade é bem diferente, como o Dr. Coleman deixa claro neste relato bem investigado que vai muito além das lendas mais conhecidas que escondem o verdadeiro carácter da famosa família.

É fascinante ler sobre a boa sorte de Mayer Amschel Rothschild e os passos que ele deu para fazer da sua família os "governantes virtuais de toda a Europa".

Este livro excepcional não é apenas sobre o passado, mas também sobre o presente e o futuro. Ajudará a explicar muitos acontecimentos que deixam perplexo o cidadão comum, como a guerra no Iraque e as ameaças de guerra contra o Irão.

PREÂMBULO

A família Rothschild, originalmente composta pelo pai e os seus cinco filhos, é verdadeiramente uma história de oportunidade, de um impulso determinado para fazer enormes ganhos e entrar no mundo aristocrático que não os queria. Alguns poderiam considerar um desaforo falar da vasta fortuna que caiu nas mãos e controlo de Mayer Amschel Rothschild como uma "oportunidade", enquanto outros a vêem como nada menos do que uma apropriação indevida dos fundos confiados aos seus cuidados, dificilmente uma "oportunidade" no sentido geralmente aceite da palavra.

No entanto, para Mayer Amschel, foi uma bênção que lhe permitiu deixar uma vida de penhora e venda de bens em segunda mão e entrar nas esferas mais altas do poder, um feito notável considerando a história da época, durante a qual os judeus estavam sujeitos a muitas leis civis destinadas a formar uma barreira permanente entre eles e os habitantes dos principados e das nações em que viviam. A distinção de classe era outro grande obstáculo, que teria sido desencorajador mesmo para um não judeu que não fizesse parte da aristocracia governante.

A mobilidade de classe não existia e a separação era dura e estritamente imposta, especialmente em Frankfurt am Main, Alemanha, onde a dinastia Rothschild iniciou a sua notável história. Mayer Amschel Rothschild tinha pouca ou nenhuma educação formal; a sua família não tinha lema, mas o que ele tinha era tenacidade e uma forte crença na sua religião. Ele veio de uma casa burguesa, uma casa "estrangeira" no gueto de Frankfurt.

Graças à desenvoltura e ao que alguns críticos pouco simpáticos chamaram "uma astúcia inata", Mayer Amschel Rothschild foi capaz de penetrar no mundo inebriante de famílias aristocráticas que o evitaram ou até desprezaram. Se não tivesse tido "sorte" (ou "azarado", dependendo de que lado da vedação se encontra) para conhecer o Landgrave de Hesse, Mayer Amschel Rothschild teria permanecido um penhorista e vendedor de trapos obscuro para o resto da sua vida. Ele não precisava de se identificar como judeu, uma ascendência de que se orgulhava, e Mayer Amschel nunca tentou esconder a sua origem. Pelo contrário, estava orgulhoso, mesmo perante uma oposição implacável aos judeus de Frankfurt, que se estendeu a todas as nações da Europa.

A Inglaterra, a mais "civilizada" das nações europeias como a história nos quer fazer crer, foi particularmente feroz na sua oposição aos judeus. Mesmo as suas principais figuras, homens instruídos, não hesitaram em referir-se aos judeus nos termos mais pouco lisonjeiros.

Por exemplo, Lord Gladstone referiu-se frequentemente a Disraeli, o "valet" dos Rothschilds, como "aquele odioso judeu", segundo o biógrafo de Gladstone, Edward Freeman. O Bispo Wilberforce referiu-se a Disraeli como um "judeu oriental" de uma forma pouco lisonjeira.

Bismarck chamou-lhe "o conjurador hebreu" e Carlyle chamou-lhe "um pequeno judeu absurdo".

Menciono-os como exemplos para mostrar as dificuldades consideráveis enfrentadas até pelos judeus mais instruídos que aspiraram ao poder no mundo empresarial e financeiro nos séculos XVIIIe e XIXe . Alguns historiadores e escritores argumentam que os Rothschilds inventaram a sua história e as suas realizações a fim de ganharem poder. A sua presença convincente fez uma grande diferença na história e é justo dizer que nenhum acontecimento importante na vida política e económica das nações europeias envolveu os Rothschilds de alguma forma, mesmo que tenha sido profundamente ocultado.

Na mente de muitos, os Rothschilds estarão sempre associados a uma imensa riqueza, mas é o poder que esta riqueza traz que não é tão bem reconhecido como deveria ser. De facto, os Rothschilds não procuraram adquirir imensa riqueza simplesmente para poderem viver uma vida confortável. Procuraram riqueza pelo que ela lhes traria em termos de controlo das principais forças políticas de todas as nações, através das quais exerceram controlo sobre essas mesmas nações, o que se estende até aos dias de hoje. Os Rothschilds não viveram no vácuo; pelo contrário, influenciaram milhões de vidas. Lionel Rothschild gostava de pensar em si próprio como único, e talvez ele seja. É verdade que, tal como os seus irmãos, ele era excepcionalmente rico, mas a sua riqueza nunca foi tornada pública. Uma coisa não é verdade: os Rothschilds não fizeram fortuna com a inflação das moedas das nações entre as quais viviam. Não existem verdadeiros marcadores que nos guiem para o verdadeiro carácter da família Rothschild e o que os levou a uma obsessão pelo dinheiro e a uma insaciável apetência pelo poder.

A maior parte do tempo temos de adivinhar o que se passava na mente desta poderosa família que estava determinada a tornar-se os governantes ocultos da Europa e da Grã-Bretanha, se não do mundo. Não que tenham sido ajudados por uma boa aparência ou uma forma agradável de falar, atributos naturais da raça irlandesa. Pelo contrário, eram, pelo contrário, de uma tez e de um comportamento bastante feio e pouco rude. Meyer Amschel falou em iídiche gutural de Frankfurt, uma mistura de polaco e alemão com expressões retiradas da língua hebraica.

A educação que ele deu aos seus filhos não foi além da escola rudimentar da sinagoga que frequentavam. O intelectualismo era em qualquer caso proibido aos judeus de Frankfurt, que não podiam participar no Iluminismo que varria a Europa.

Mayer Amschel permaneceu fiel às instruções do Talmud e honrou todas as suas tradições, pedindo aos seus filhos que fizessem o mesmo. Ele não mudou o seu estilo de vida uma vez que alcançou fama e fortuna. As roupas que ele e os seus filhos usavam eram frequentemente usadas até aos ossos.

Há referências muito depreciativas a este facto em muitos

documentos e documentos do Museu Britânico, alguns dos quais são muito depreciativos. Num relato, Cherep-Spiridovich afirma que Mayer Amschel nunca mudou de roupa interior e usou a mesma roupa "até caírem de cima dele". Escritores como John Reeves, Demachy e Spiridovich concluem, nas palavras deste último, que no

> "As fases políticas desta sinistra e fatal família poderiam ser atribuídas a pelo menos metade de todo o derramamento de sangue e calamidades que se têm verificado nas nações desde 1770.

Outros, como o editor do *Chicago Tribune*, que sabia que algo se estava a passar mas não conseguia dar-lhe um nome, escreveram a 22 de Julho de 1922:

> Os nossos estadistas são crianças em comparação com os seus. É-nos oferecido repetidamente um lugar de destaque nos assuntos mundiais. É atirado à nossa cara, e por pura estupidez, rejeitamo-lo.

A questão é: "Será que a rejeitamos, ou será que alguma força oculta nos impediu de tomar a iniciativa?" Nietzsche, o filósofo alemão na sua obra *The Dawn* escreveu:

> Um dos espectáculos que o próximo século nos convidará a testemunhar é a decisão sobre o destino dos judeus. É óbvio que lançaram os seus dados e atravessaram o Rubicão; não têm outra escolha senão tornarem-se os senhores da Europa ou perderem a Europa, pois perderam o Egipto, onde enfrentaram alternativas semelhantes... A Europa pode um dia cair nas suas mãos como um fruto maduro, se não o apreenderem demasiado depressa.

Aqueles que pesquisaram Nietzsche dizem que ele se referia aos Rothschilds, mas eu não consegui encontrar quaisquer provas que sustentem esta alegação, embora pareça encaixar no padrão desta famosa família.

Muitos dos seus segredos permaneceram completamente escondidos e podem nunca ser revelados. A profundidade destes segredos é revelada nas palavras do estadista francês, Lamartine:

> Queremos quebrar todos os jugos, mas há um que não pode ser visto e que pesa sobre nós. De onde é que vem? Onde está?

Ninguém sabe, ou pelo menos ninguém diz. A associação é secreta mesmo para nós, os veteranos das sociedades secretas.

O Ministro francês dos Negócios Estrangeiros, G. Hanotoux, escreveu em 1878 que esta mão oculta era uma

"uma força misteriosa que governa a política e confunde a diplomacia".

Muitos destes mistérios foram completamente desvendados por Disraeli no seu romance *Coningsby*, que era um relato velado dos feitos dos Rothschilds. Disraeli teve de disfarçar muitos factos como ficção, para que a ira dos homens não explodisse com as revelações que continha. "Sidonia" foi sem dúvida Lionel Rothschild e *Coningsby* nada mais do que um relato romantizado das suas acções:

Aos dezanove anos, Sidonie, que vivia com o seu tio em Nápoles, fez uma longa visita a outra das famílias do seu pai em Frankfurt. Entre Paris e Nápoles, Sidonie passou dois anos. Era impossível de penetrar. A sua franqueza foi estritamente limitada à superfície. Observou tudo, embora com demasiada cautela, mas evitou discussões sérias. Era um homem sem afecto.

Karl Rothschild viveu em Nápoles, e Mayer Amschel viveu em Frankfurt, por isso não é difícil concluir que "Sidonia" foi Lionel Rothschild, e assim recebemos de *Coningsby* um dos melhores e mais exactos relatos detalhados dos Rothschild e a sua ascensão ao poder absoluto que detêm hoje.

Nota explicativa

É favor notar que as fontes e referências são mencionadas no texto. Pensei que isto facilitaria a referência e evitaria ter de procurar numa lista separada de notas, com uma perda de continuidade.

Tenho seguido o método e o estilo de vários autores vitorianos que acharam ser a melhor maneira de manter a história sem ter de parar para consultar e encontrar uma fonte em particular. Espero que também vós acheis este método mais fácil de seguir do que o método tradicional.

Outro ponto importante: quero deixar claro que este livro não deve e não pode ser interpretado como "anti-judaico" ou "anti-semita". Não é nenhuma das duas. Trata-se antes de um relato factual de uma família que se revelou judia, e nunca o escondeu. Escrever de outra forma seria como tentar escrever um relato do rei zulu Chaka, sem dizer que Chaka era um rei negro africano.

CAPÍTULO 1

Como um comerciante de trapos se tornou um dos homens mais ricos do mundo

Provavelmente não existe um nome na banca internacional tão conhecido como o nome Rothschild, e no entanto sabe-se tão pouco sobre a verdadeira história desta família. Há muitas lendas, mitos e contos fantasiosos, mas pouco sobre o verdadeiro carácter desta família, que mudou o curso da história, que comprou e vendeu estadistas, reis, duques e bispos, como se fossem meras mercadorias, para serem descartados como sapatos gastos e roupas velhas quando serviram o seu propósito. Diz-se que esta família provocou revoluções, guerras e revoltas que mudaram para sempre a face da Europa, do Extremo Oriente e dos Estados Unidos. O objectivo deste livro é explorar a história dos Rothschilds e compreender os seus planos para o mundo. Os Rothschilds são judeus, um facto que nunca procuraram esconder ou minimizar.

Ao longo da história, desde a Índia até à Babilónia e à antiga Palestina, as questões monetárias sempre foram, antes de mais, assunto dos judeus. Nos mercados monetários de Frankfurt, Londres, Nova Iorque e Hong Kong, predominava o financista judeu.

Em 1917, estavam espalhados por todo o mundo. Nas bolsas de Londres, Paris e Nova Iorque, os corretores judeus foram a espinha dorsal do negócio. A circulação de metais preciosos, diamantes e moedas em todo o mundo sempre esteve sob controlo judeu. Citamos estes factos como factos em si mesmos e não para inferir nada de depreciativo deles. Os próprios judeus admitem-no. Quando a Grã-Bretanha se preparou para entrar em guerra com a Alemanha em 1910, os financiadores judeus internacionais estavam estacionados em lugares-chave, - e à frente das finanças internacionais em todo o mundo estavam os Rothschilds e as suas casas bancárias associadas. Em França, foi Rothschild, Fould, Camondo, Pereira e Bischoffheim; na Alemanha, Rothschild, Warschauer, Mendelssohn, Bleichroder; em Inglaterra, Sassoon, Stern, Rothschild e Montague; no Extremo Oriente, Sassoon; na Rússia, Gunzburg; nos Estados Unidos, J.P. Morgan, Kuhn Loeb and Co., Seligman and Co.

Acima de tudo, a Casa de Rothschild ofuscou-os e ofuscou-os. Os críticos dos Rothschilds afirmam que Morgan e Kuhn Loeb eram apenas fachadas para os Rothschilds, e que todas as famosas casas bancárias estavam filiadas nos bancos Rothschild.

Estas casas bancárias resistiram a muitas tempestades devido à sua abordagem cautelosa à especulação e aos seus estreitos laços fraternais e de parentesco com os Rothschilds e uns com os outros. O fundador da Casa de Rothschild foi Mayer Anselm Bauer (Rothschild), o filho de Anselm Moses Bauer, um comerciante de Frankfurt. O pai vendia mercadorias novas e usadas, bem como moedas antigas, e penhorava sob o signo de um escudo vermelho, daí o nome Rothschild, que significa escudo vermelho em alemão. Rothschild tornou-se o seu nome de família adoptado e oficial. O negócio estava localizado em Judenstrasse, literalmente "a rua dos judeus" num gueto de Frankfurt, que tinha cerca de 550 famílias.

Mayer Amschel (Rothschild) nasceu em 1743. A família tinha sido estabelecida em Frankfurt há gerações. De facto, o Museu Britânico tem um documento que indica que a família remonta ao início do século 16 . No século 18 eles eram um grupo considerável.

Identifiquei vinte antecedentes de Mayer Amschel, o mais velho de três filhos cujos pais estavam no comércio da prata, tanto na compra como na venda, no qual participou a partir dos dez anos de idade. Este pequeno comércio era de facto um tipo de câmbio de moeda estrangeira, porque na altura a Alemanha consistia em 350 principados, cada um com a sua própria moeda.

Aparentemente, foram proibidos de exercer as profissões abertas a todos os não judeus em Frankfurt. Não há dúvida de que os judeus estavam sujeitos a todo o tipo de restrições, algumas das quais eram bastante injustas. A casa da família era uma cabana de madeira ao estilo gótico onde Mayer Amschel viveu com o seu pai, mãe e três irmãos até 1775, quando uma enorme epidemia de varíola varreu a Europa, matando ambos os pais de Mayer. Os pais de Mayer matricularam-no na escola rabínica de Furth. Mas não teve nem a paciência nem a inclinação para os longos anos de estudo necessários para obter um diploma, e após três anos em Furth, aos treze anos de idade, Mayer Amschel montou o seu próprio negócio.

Só se pode admirar a coragem que se deve ter tido para um homem tão jovem dar tal passo. A caminho de Hanôver, o jovem recebeu um pequeno e insignificante trabalho de "caridade" no banco Oppenheimer, onde seis meses após a sua chegada se tornou um aprendiz. Não demorou muito tempo a concluir que, para ter sucesso na banca, era necessário proteger um dos príncipes mais importantes. Após seis anos deixou Hanôver e regressou a Frankfurt, onde se casou com Gudule Schnapper em 1770.

Mayer e Gudule (Gutta) ocuparam o primeiro andar acima de uma loja a partir da qual Mayer comprou e vendeu bens novos e em segunda mão, como o seu pai tinha feito antes dele. Muitos artigos, tais como pinturas e mobiliário, foram expostos no pavimento. Este era o lar, o ponto de partida dos "barões bancários", que controlariam as finanças do mundo e os grandes líderes, estadistas e reis. Gudule deu a Mayer cinco filhos. As discussões com os seus cinco filhos realizavam-se sempre em torno de uma "mesa de madeira suja", como descrito por Spiridovich em *Unrevealed in History*, onde a família se reunia para refeições e discussões.

A divisão do mundo financeiro entre os filhos era um tema de discussão preferido. O seu pai falou dos quatro netos de Carlos

Magno, de como os imperadores romanos tinham governado o mundo e da sua visão para os seus filhos. As suas cinco filhas nunca foram incluídas nestas discussões.

Carlos o Grande (Carlos Magno) (771-814) era um típico alemão, com mais de um metro e meio de altura, um soberbo atleta que falava grego e latim. Foi Rei dos Francos e tornou-se Imperador de Roma de 800 a 814 AC. No entanto, apesar da sua veneração por Carlos Magno, Mayer Amschel tinha um ódio violento por todas as coisas "romanas", que mais tarde descreveu como "o grande inimigo do bolchevismo", segundo Sir Alfred Mond na *Batalha Mundial dos Judeus*. Samuel Gompers, escrevendo no *Chicago Tribune* a 1 de Maio de 1922, disse de Bolchevismo, em referência a Mayer Amschel:

> Nada constituiria uma traição mais inútil e vil da civilização do que o reconhecimento da tirania bolchevique. A política dos banqueiros alemães e anglo-americanos é o elemento mais perigoso em toda a cadeia de esforços bolcheviques. Os fundos dos bolcheviques ascendiam a milhões de dólares.

O ódio de Mayer Amschel pelo mundo romano pode ter origem no facto de, desde 1762, Frankfurt am Main ter sido a cidade da eleição e coroação dos Santos Imperadores Romanos, que Mayer Amschel odiava, pois sabia que a Igreja Católica era um inimigo implacável dos bolcheviques. Alguns historiadores afirmam que o seu ódio era dirigido à Rússia, pois era a maior nação cristã da Europa e, sob vários dos seus líderes, os judeus tinham sofrido muitas dificuldades e perseguições.

À volta da mesa, Mayer avisou os seus filhos para manterem a sua riqueza dentro da família e nunca se casarem fora dela. Ele explicou a lei hebraica de 'neshek', que significa literalmente 'uma dentada', o termo usado para significar interesse, e 'como devia ser aplicado fora dos hebreus, e não a eles'. O segredo devia ser primordial; ninguém fora da família devia saber quanto dinheiro tinham. Segundo o autor John Reeves que, no seu livro *The Rothschilds: Financial Rulers of Nations*, cita MacGregor, autor de *The Kahbalaha Unmasked*:

> Os cinco filhos começaram a fazer negócios em cinco capitais

europeias, mas agiram em concertação uns com os outros. O negócio Rothschild desde 1812 tem sido tão imenso, e os laços que ligam os vários membros da família tão de perto, que desvendá-los parece quase sem esperança. O sucesso alcançado pelo fundador deveu-se ao estado conturbado do mundo. Mayer Amschel era um filho da fortuna da mesma forma que Napoleão.

Mayer Amschel teve cinco filhos e cinco filhas:

Anselme Mayer, nascida em 1773, casou com Eva Hannau

Salomon Mayer, nascido em 1774, casou com Caroline Stern

Nathan Mayer, nascido em 1777, casado com Hannah Levi Barnet Cohen 1806

Karl, nascido em 1788, casou com Adelaide Herz

Jacob (James), nascido em 1792, casou com a sua sobrinha Betty, filha do seu irmão Salomon. Anselm, o seu filho mais velho, recebeu a distinta honra de se tornar membro do Conselho Privado de Comércio da Prússia Real, Cônsul da Baviera e Banqueiro de Tribunal.

Isto pode parecer hoje irrelevante, onde não há distinção de classe, mas o rígido sistema de castas da época impossibilitou que um "commoner" ocupasse tais cargos, que estavam sempre reservados a famílias com títulos nobres, e os judeus foram expressamente excluídos de tais altos cargos . Salomon Mayer conseguiu entrar no círculo mais interno do Príncipe Metternich, o governante virtual da Áustria.

As cinco raparigas não receberam qualquer participação no negócio e não tiveram qualquer palavra a dizer na sua gestão, sendo na realidade totalmente excluídas. Na maioria das vezes, eram casados em 'casamentos arranjados'.

De acordo com o autor John Reeves:

> Os movimentos dos Rothschilds são cuidadosamente monitorizados e são tão importantes para o público como os de qualquer ministro. Foi dito a um investigador entusiasta que era impossível nomear todos os membros da família, uma vez que não havia pedigree (The Rothschild Financial Sovereigns)

Segundo o relato do Major-General Cherep-Spiridovich em *The Unrevealed in History* e documentos no Museu Britânico em Londres, Mayer Amschel leu uma passagem do Talmud no seu leito de morte e depois obrigou os seus filhos a fazer um juramento solene de que permaneceriam sempre unidos e nunca empreenderiam nada separadamente.

CAPÍTULO 2

Mayer Amschel e cinco dos seus filhos têm boa sorte

Enquanto no Banco Oppenheimer, Amschel tem a singular sorte de conhecer o Tenente-General Barão von Estorff, um aristocrata com laços estreitos com o Landgrave de Hesse-Cassell, uma família extremamente importante cuja ascendência remonta a centenas de anos.

No *The Rothschild Money Trust* da Armstrong, afirma-se que o Landgrave foi William IX:

> "Ele tornou-se emprestador de dinheiro e agente de William IX, Landgrave de Hesse-Cassel".

O historiador altamente condecorado, soldado e escritor, Conde Cherep-Spiridovich, descreve-o simplesmente como

> "Amschel tornou-se o administrador do Landgrave de Hesse-Cassel.

Diz-se que Mayer prestou alguns serviços a von Estorff à custa do banco Oppenheim, cujos pormenores exactos não são actualmente conhecidos.

Segundo as minhas pesquisas no Museu Britânico, a abordagem foi feita pela primeira vez através do consultor financeiro de Wilhelm, um certo Karl Budurus :

> "Com os Rothschilds, semelhantes nas suas ambições, formidavelmente tenazes, pacientes e secretos, tiveram um encontro intelectualmente frutuoso e decidiram entrar num acordo de ajuda mútua.

Os detalhes do plano que eles desenvolveram nunca foram reveladas. No entanto, a *Enciclopédia Judaica* de 1905 e 1909 Vo. X, página 499, lança luz sobre este assunto:

> Finalmente, ele (Amschel) tornou-se o agente de William IX, Landgrave de Hesse-Cassel, que, em a morte do seu pai, herdou a maior fortuna privada da Europa (estimada em $40.000.000), principalmente da contratação de tropas para o governo britânico para reprimir a revolução nos Estados Unidos.

> Após a batalha de Junho de 1806, o Landgrave fugiu para a Dinamarca, deixando 600.000 libras (cerca de $3.000.000) com Mayer Rothschild para guarda segura. Segundo a lenda, este dinheiro estava escondido em barris de vinho, e escapou à busca dos soldados de Napoleão quando entraram em Frankfurt, e foi devolvido intacto ao eleitorado.

Os factos são menos românticos e mais profissionais.

Os documentos que examinei mostram que o 'Eleitor', como foi chamado, não foi muito escrupuloso quanto à origem do dinheiro que entrou nos seus cofres. Os mercenários de Hesse eram o seu stock no comércio, contratados para aqueles que tinham mais dinheiro para os pagar.

Os Hessianos tinham elaborado o seu contrato com o governante, que estipulava claramente que o príncipe receberia um grande adiantamento no início das operações militares para as quais tinham sido contratados. Depois disso, haveria um pagamento adicional para os soldados, algum extra para os feridos e três vezes o montante se estes fossem mortos em batalha. Esta soma devia ser paga aos mercenários ou aos seus dependentes e não ao Príncipe. Além disso, o contrato de compromisso não expirou quando a paz foi declarada, mas apenas um ano inteiro após a paz e apenas quando os mercenários tinham regressado a casa.

O governo britânico era o maior cliente, "contratando" cerca de 15.000 a 17.000 Hessianos por ano. Embora não haja provas directas de que Amschel e Budurus tenham sido os perpetradores do esquema seguinte, parece muito provável que o tenham sido. Em vez de o montante fixo e os pagamentos serem enviados para Kassel, a residência do príncipe, o dinheiro foi mantido em

Inglaterra, onde foi investido. Os juros (negociados pela Amschel) foram pagos ao Landgrave sob a forma de rascunhos. A parte do dinheiro efectivamente transferida para Kassel foi então utilizada para conceder empréstimos com juros elevados a outros príncipes em necessidade. Isto resultou num enorme fluxo de fundos dentro e fora de Kassel, com rendimentos substanciais para os Landgrave, que uniram forças com a família Von Turn e Taxis que detinham o monopólio postal para toda a Europa. Os mercenários, que mais tinham feito para ganhar o dinheiro, só receberam os montantes prometidos, uma vez que não tinham conhecimento do acordo "privado" feito nas suas costas.

Os príncipes de Von Thurn e Taxis (membros do Comité de 300) ficaram felizes por terem uma parte dos despojos em troca de actuarem como agentes de inteligência para o Landgrave, e mais tarde para os Rothschilds. Para o fazer, abriram importantes correios como instruído, leram o conteúdo e informaram o Landgrave do que tinham visto, e nas suas encomendas aceleraram ou atrasaram a entrega de cartas em benefício do Landgrave e do Mayer Amschel - e em detrimento dos seus devedores.

(Para mais pormenores sobre a família Von Thurn e Taxis, consulte *A hierarquia dos conspiradores - História do Comité de 300*)[1].

Estes factos estão de facto muito longe das noções românticas de como Amschel começou a sua carreira, e são revelados de forma mais completa do que qualquer coisa publicada anteriormente. Os críticos dizem que os factos estão longe dos sugeridos na Enciclopédia. Cherep-Spiridovich afirma sem rodeios que o dinheiro não foi devolvido ao Landgrave e foi de facto roubado por Amschel. No *The Rothschild Money Trust*, o autor Armstrong declara:

---

[1] Publicado por Omnia Veritas Ltd, www.omnia-veritas.com.

Os factos são bastante "menos românticos". Mayer Amschel Rothschild desviou o dinheiro. Este dinheiro foi manchado desde o seu início. Foi pago pelo governo britânico ao Landgrave pelo serviço dos seus soldados, utilizado para suprimir a Revolução Americana, e os soldados tinham moralmente direito a ela. Foi primeiro desviado por Wilhelm de Hesse e depois por Mayer Amschel. Este dinheiro roubado duas vezes é a base da imensa fortuna dos Rothschilds. Desde então, tem permanecido fiel à sua origem. Não há um único dólar ganho honestamente nas centenas de biliões que a família Rothschild possui actualmente. Em vez de colocar o dinheiro em barris de vinho, Mayer Amschel Rothschild enviou toda a soma para o seu filho Nathan em Londres, onde estabeleceu a filial londrina da família.

Este é muito provavelmente o dinheiro que Nathan usou para abrir o N.M. Rothschild and Sons, o banco da família.

Armstrong continuou:

Pelos seus serviços, Amschel é nomeado Agente da Coroa Imperial, um título que lhe permite viajar livremente sem impedimentos. A sua "parceria" com os príncipes de Von Thurn e Taxis forneceu-lhe informações valiosas, o que lhe deu uma vantagem sobre todos os credores concorrentes. Nathan Rothschild fez um investimento de 800.000.000 ouro (em valor, não em peso) da East India Company, sabendo que seria necessário para a campanha de Wellington na península.

Ele obteve nada menos do que quatro lucros:

1. Na venda do papel Wellington que comprou por 50 cêntimos ao dólar e que recolheu ao par.

2. Sobre a venda de ouro em Wellington.

3. Sobre a sua redenção.

4. Passando-o para Portugal.

Este foi o início de uma grande fortuna. A forma como um funcionário bancário ainda relativamente obscuro foi capaz de quebrar as barreiras sociais que o separavam da classe aristocrática é um caso de estudo notável.

De acordo com os documentos do Museu Britânico :

> ... O príncipe era muito ganancioso e avarento, e pouco se importava com os meios pelos quais a sua fortuna, que lhe tinha sido legada pelo seu pai, Guilherme VIII (o irmão do rei da Suécia), era aumentada. Frederick, tendo ouvido de von Estorff a esperteza e a falta de escrúpulos de Amschel, ficou interessado em encontrar um "homem de palha" para as suas compras duvidosas.

Amschel escondeu a sua relação com Frederick II atrás de uma fachada modesta, mas não há dúvida de que usou a sua influência com o velho Landgrave para ganhar milhões e ganhar milhas políticas. Tornou-se o agente do Landgrave de Hesse e o primeiro empréstimo governamental que conseguiu foi em 1802, quando o governo dinamarquês contraiu um empréstimo de dez milhões de táleres.

Embora não fosse conhecido na altura, o dinheiro veio da enorme fortuna da família Landgrave.

Amschel declarou que daria a sua parte dos lucros a Frederick II, mas nunca o fez. A partir daí, o destino dos Rothschilds foi tornar-se uma das mais espantosas histórias de sucesso na história do financiamento e da concessão de empréstimos.

O seu filho, William IX, sucedeu a Frederick II e tornou-se Eleitor William I em 1785. Nessa altura, Amschel tinha sido uma espécie de "ministro das finanças" do falecido Frederick II e conhecia todos os segredos da família.

Os dois acertaram imediatamente. Ambos nasceram em 1743. Amschel escondeu a sua verdadeira riqueza do eleitor Wilhelm I, sempre com a mesma roupa e fingindo ser pobre. Desde o momento em que se tornou gerente da fortuna do eleitor Wilhelm, a fortuna de Amschel aumentou à medida que a do seu empregador diminuiu. Em 1794 ocorreu um acontecimento que levou o eleitor Wilhelm I a fugir: a captura de Koblenz pelo general francês Hoche.

Temendo que as suas práticas corruptas (na realidade, os esquemas de Amschel, o palhaço) fossem expostas pela ocupação, o eleitor Wilhelm I fugiu, tendo cedido o controlo a Amschel.

Esta é a verdadeira história de como os Rothschilds conseguiram o seu dinheiro. Não foi por penhora, especulação inteligente ou qualquer outro conto de fadas amplamente aceite que soou tão romântico.

O génio dos filhos deve ser atribuído à fortuna do Landgrave de Hessen e não ao "génio" fantasioso dos cinco irmãos! Foi um caso de "roubo por conversão", puro e simples.

Mayer morreu em Frankfurt a 12 de Dezembro de 1812, deixando a sua herança a cinco filhos e uma quantia menor para as suas cinco filhas.

CAPÍTULO 3

Os Rothschilds entram na alta sociedade europeia

A forma como Mayer deixou a maior parte do seu dinheiro aos seus cinco filhos, e muito menos às suas filhas, é uma marca da forma como ele e os seus antepassados viram as mulheres como o elo fraco da cadeia.

As mulheres deviam ser utilizadas para casamentos arranjados no seio da família, para negócios. Por outras palavras, os casamentos deveriam ser arranjados para obter vantagens comerciais.

A ideia de 'igualdade' entre homens e mulheres não existia na mente de Mayer. A campanha moderna liderada pelos socialistas para a igualdade de direitos das mulheres veio mais de cem anos mais tarde, e limitou-se em grande parte à igualdade de direitos para as mulheres não judias. Amschel dividiu as nações da Europa como pães, atribuindo aos seus filhos a Alemanha, Áustria, Grã-Bretanha, Itália e França como "seus territórios".

Mais tarde, enviou um membro da sua família, um homem chamado Schoeneberg, para os Estados Unidos com o nome de August Belmont. Ele tornou-se a mão escondida que secretamente aprovou a legislação para permitir que o Sistema da Reserva Federal se tornasse lei.

Os interesses dos filhos Rothschild tornaram-se finanças e bancos internacionais e estabeleceram sucursais nas principais capitais da Europa, Paris, Nápoles, Viena e Londres, cada uma sob a supervisão próxima de um dos cinco filhos, enquanto "Belmont" se envolveu fortemente na banca e na política do Partido Democrata na América. Num período de tempo relativamente curto, os Rothschilds foram capazes de trazer toda a Europa para a sua órbita e sob a sua influência. Compraram funcionários e fizeram amizade com os monarcas e príncipes da Europa, assegurando ao mesmo tempo que nenhum estranho entrasse na família. Quando uma das filhas começa um "caso de amor", ela é impiedosamente esmagada. É-lhe dito que os irmãos vêem o casamento como um negócio e arranjam casamentos para parcerias.

Foi necessária apenas uma geração de planeamento, intriga e manipulação da opinião pública para que os Rothschilds se tornassem a maior força e influência, não só nos assuntos da Europa, mas também no Extremo Oriente e, mais tarde, nos Estados Unidos. O material intermédio soldou a família numa frente coesa e forte. Em 1815, a Áustria abriu caminho, concedendo aos cinco irmãos títulos hereditários de "barão", com a propriedade que a acompanhava. A sua ascensão meteórica à fama, fortuna e poder foi surpreendente de observar. Nunca tomaram uma decisão ou um movimento sem uma estreita consulta com o seu "agente de comunicação" e "fonte de informação privilegiada", o Von Thurn e os táxis.

Se as posições políticas de poder não puderam ser alcançadas, foram compradas. Mayer Amschel, chefe de Frankfurt, por exemplo, comprou um lugar no Conselho Privado de Comércio Prussiano. Esta era uma posição que no passado só tinha estado disponível para a realeza, e o seu sucesso abalou a aristocracia prussiana, causando muito alarme e consternação.

Após a Restauração Bourbon (na qual os Rothschilds desempenharam um papel significativo), o irmão mais novo, James (Jacob), recebeu um alvará para estabelecer uma sucursal do banco Rothschild em Paris.

Percebendo rapidamente a importância dos caminhos-de-ferro, James financiou várias das novas linhas e fez uma enorme fortuna. Ele emprestou aos Bourbons sempre a gastar milhões de francos.

Nathan era o génio dos cinco irmãos. O terceiro da fila, era aquele a quem os outros recorriam para obter conselhos. Quando os irmãos decidiram mudar-se para Inglaterra, enviaram Nathan para a sinistra cidade industrial do norte de Manchester em vez de Londres. Isto porque os Rothschilds tinham grandes planos comerciais para o comércio de tecidos naquela cidade, que tencionavam explorar ao máximo antes de mudarem a sua operação para Londres. A maior parte dos tecidos para uniformes do exército e marinha britânicos provinha originalmente da Alemanha. Através da "inteligência postal" fornecida por Von Thurn e pelo monopólio postal dos táxis, os Rothschilds aprendem que a guerra com Napoleão é iminente. Nathan foi rapidamente enviado para a Alemanha para comprar todos os stocks destes tecidos.

Quando os fabricantes de Manchester foram encarregados pelo governo britânico de fazer uniformes para o exército e a marinha, enviaram os seus agentes para a Alemanha para adquirirem os stocks necessários de tecido, como sempre tinham feito, apenas para saberem que toda a produção já tinha sido vendida a Nathan Rothschild, a quem agora eram obrigados a comprar.

Quando a notícia chegou a Manchester, seguiu-se um violento tumulto. A dada altura, Nathan temeu pela sua segurança. Após cinco anos em Manchester, Nathan mudou-se para Londres em 1805.

De facto, "fugir" seria uma descrição melhor, como foi forçado a fazer quando a raiva pública contra as suas acções começou a aumentar.

Uma das principais razões do grande sucesso de Nathan foi o facto de ter compreendido que a comunicação rápida era a chave para vencer os seus concorrentes. Utilizou os cavaleiros, navios e até pombos-correio mais rápidos para comunicar. Avidamente procurou "informação privilegiada", que escondeu dos seus concorrentes e dos governos. Ele tinha os seus agentes secretos em todas as capitais da Europa.

Este grupo leal nunca hesitou em cavalgar à noite, no Inverno e no Verão. Criaram a melhor raça de pombos-correio e navegaram nos barcos mais rápidos, comprando por vezes todas as passagens entre França e Inglaterra para bloquear os concorrentes.

O maior princípio de especialização de Nathan era comprar títulos do Estado que estavam em falta, ou prestes a falhar, com enormes descontos. Passado algum tempo, os governos envolvidos foram colocados sob grande pressão para reembolsar os títulos ao valor nominal, o que trouxe a Nathan lucros incríveis. Tornou-se o agente financeiro de mais de metade dos governos europeus. Algumas pessoas muito notáveis declararam no passado que "a civilização terminou em 1790", incluindo H. G. Wells, o famoso escritor britânico que declarou no *New York American*, (27 de Julho de 1924) que o progresso mental e moral da raça humana terminou com o século 18 .

Wells foi bem considerado pelos Rothschilds, que gostaram da sua ideia da Liga das Nações, aquilo a que Wells chamou "um estado mundial", o que ele disse ser inevitável. Os Erlangers doaram $3.000 para este fim, tal como N.M. Rothschild.

George Bernard Shaw, o dramaturgo irlandês, disse a Hillaire Belloc: "Algo enorme aconteceu em 1790". Isto foi noticiado no *New York Times*:

> Há razões para acreditar que se referiam aos grandes movimentos revolucionários que começaram em meados do século XVIII, quando em 1779 Amschel Rothschild se tornou o mestre do homem mais rico do mundo, o Landgrave de Hesse Cassel.

CAPÍTULO 4

As paredes de Jericó [Frankfurt] estão a desmoronar-se

Mencionei anteriormente que apenas quinhentas famílias judias foram autorizadas a viver em Frankfurt, Alemanha. O tratamento do problema por Mayer Amschel tornou-se a sua marca registada. Por ocasião do nascimento do filho de Napoleão, o Grão-Duque Dalberg de Frankfurt queria viajar para Paris para prestar os seus respeitos, mas nenhum dos bancos lhe emprestaria o dinheiro para fazer a viagem.

O velho Amschel, no entanto, viu as possibilidades de fazer de Dalberg o seu devedor e emprestou-lhe oitenta mil guldens a cinco por cento. Não é exercida qualquer pressão sobre o Grã-Duque para reembolsar o empréstimo desde que os juros sejam pagos, mas ao mesmo tempo houve poucos favores solicitados pelos Rothschilds que o Grã-Duque pudesse ou recusasse.

Amschel e a sua família envolveram-se em extensas operações de contrabando, desafiando o boicote francês de Inglaterra, o que fez com que os Rothschilds ganhassem muito dinheiro. A suspeita caiu sobre Amschel, e foi planeada uma rusga para Maio de 1809.

Dalberg, que nunca perdeu uma oportunidade de pedir dinheiro emprestado à Amschel a taxas favoráveis, informou-o da rusga iminente através do seu comissário executivo de polícia, von Eitzlein.

A actividade frenética colocou o contrabando e documentos comprometedores com amigos de confiança, de modo que quando o Inspector Savagner e os seus homens chegaram, encontraram o velho Mayer Amschel na cama, e uma busca não resultou em nada comprometedor. Embora os inspectores do boicote comercial de Napoleão tenham voltado de mãos vazias, Amschel foi no entanto multado em 20.000 francos, mas escapou à prisão, o que teria sido o caso se o contrabando tivesse sido descoberto pelos inspectores.

Quando a agitação abrandou, Amschel abordou o problema das restrições ao número de famílias judias autorizadas a residir em Frankfurt. Abordou Dalberg, que ainda lhe devia o montante do capital do empréstimo.

De acordo com a lei, cada família judia tinha de pagar um imposto anual de 22.000 Gulden para ficar na cidade. Amschel e um dos seus parceiros, um certo Gumprecht, persuadiram o Grão-Duque a aceitar uma quantia fixa que daria aos judeus direitos de cidadania em Frankfurt, o que a maioria cristã tão fortemente se opôs. Além disso, Amschel exigiu não só a igualdade de cidadania, mas também que os judeus fossem autorizados a criar os seus próprios órgãos directivos e conselhos.

O ganancioso Dalberg exigiu que a quantia fixa proposta pela Amschel fosse vinte vezes a taxa anual total.

Amschel e os seus amigos responderam ao pedido, pagando 294.000 Gulden em dinheiro e o saldo em títulos ao portador.

Numa carta ao Grão-Duque confirmando o arranjo e as condições, Amschel mostrou que quando era necessário um comportamento humilde e obsequioso, ele era um mestre da arte:

Se eu pudesse ser o mensageiro da boa nova, assim que esta fosse assinada por Sua Alteza Real o nosso mais excelente Senhor e Grão-Duque, a favor, e pudesse informar a minha nação da sua grande alegria, teríeis a gentileza de me informar por correio, confessando que estou a abusar da vossa bondade e graça, mas não tenho dúvidas de que Vossa Alteza e a vossa honrada família devem esperar grandes recompensas celestiais e que receberão muita felicidade e bênção, pois de facto toda a nossa comunidade judaica, se tiverem a sorte de obter direitos iguais, pagarão de bom grado com grande prazer todas as quotas que os cidadãos devem pagar.

Note-se como Amschel afirmou corajosamente que os judeus de Frankfurt constituíam uma nação separada. O acordo levou algum tempo a ser adoptado, mas quando o foi, Amschel anunciou imediatamente a criação do órgão governante da comunidade das religiões israelitas, com von Eitzlein (um judeu) como seu primeiro presidente, talvez como recompensa por informar Amschel da planeada rusga de contrabando em Maio de 1809. O Senado e os cristãos ficaram furiosos e atacaram imediatamente o acordo como dando privilégios especiais aos judeus.

Há rumores de que Dalberg recebeu um pagamento substancial, que ele não tornou público. O sentimento contra Dalberg e os judeus atingiu o seu auge. Foram feitas acusações de suborno em troca da igualdade de direitos. Com a queda de Napoleão, Dalberg foi deposto e substituído pelo Barão von Hugel de Hesse.

Amschel não tinha medo da Áustria ou da Prússia, tinha os seus governos na palma da mão, mas temia que quando o Congresso de Viena decidisse sobre o estatuto de Frankfurt em 1814, o acordo de Dalberg não fosse honrado. Ele enviou Jacob Baruch e um certo Gompers como seus representantes, mas a polícia de Viena mandou vigiá-los como revolucionários e ordenou a sua expulsão.

Contudo, o príncipe Metternich, que tinha sido criado por Nathan Rothschild, tal como Adam Weishaupt, Napoleão, Disraeli e Bismarck eram todos meros fantoches (ou "capangas") dos Rothschilds, cancelou a ordem. O suborno e a corrupção eram praticados abertamente.

A Humbold foram oferecidos três belos anéis de esmeralda de uma verdadeira fortuna, mais quatro mil ducados, que ele recusou.

O secretário de Metternich, Frederick von Gentz, aceitou os subornos oferecidos e tornou-se para sempre um valioso intermediário para os Rothschilds com a poderosa nobreza e líderes políticos austríacos.

Quando a notícia do desembarque de Napoleão em solo francês do seu exílio em Santa Helena chegou ao Congresso, a "questão judaica" teve de ser posta de lado. O Congresso de Viena foi a primeira conferência mundial a ser dominada pelos banqueiros internacionais, e os Rothschilds contribuíram grandemente para o controlo dos banqueiros sobre as decisões que foram tomadas.

CAPÍTULO 5

Os Rothschilds saqueiam as cinco grandes potências

O Conde Buol-Schauenstein, o representante austríaco, é escandalizado pelo acordo feito pela Dalberg-Rothschild com os judeus de Frankfurt:

O comércio continua a ser o único meio de subsistência para os judeus. Esta nação, que nunca se funde com nenhuma outra, mas sempre se une em busca dos seus próprios fins, em breve eclipsará as empresas cristãs; e com o aumento terrivelmente rápido da sua população, em breve se espalhará por toda a cidade, de modo a que uma cidade comercial judaica apareça gradualmente ao lado da nossa venerável catedral.

Passei um tempo considerável a pesquisar documentos no Museu Britânico que de alguma forma se referiam à família, para poder escrever sobre a ascensão da dinastia Rothschild, e muito do que foi dito veio desta fonte. O Barão James tornou-se uma grande personalidade. Reis e ministros foram forçados a confiar nele e ele justificou isto financiando um empréstimo de 520 milhões de francos ao governo Restaurador, que precisava de dinheiro após as grandes guerras da Revolução e do Império. No seu livro *Les Juifs rois de l'époque* Toussenel escreve:

O ano fatal de 1815 pode ser considerado a era do novo poder; embora antes desta data a coligação de banqueiros que compraram grandes convulsões a campanha de Moscovo e Waterloo - devemos recordar a interferência dos judeus nos nossos assuntos nacionais (franceses). Em 1815, a França foi condenada a pagar 1500 milhões de francos em indemnizações de guerra e caiu nas mãos dos financiadores internacionais de

Frankfurt, Londres e Viena que se uniram para explorar a sua calamidade. James Rothschild pagou apenas 50 francos por cada 100 francos de obrigações do governo e recebeu cinco francos de juros, que fizeram dez por cento do dinheiro, emprestado e no ano seguinte o capital começou a render o dobro. James tornou-se o emprestador dos Reis. Isto aliado à sua especulação na bolsa de valores onde poderia influenciar a subida e queda das acções fez com que os ganhos do Barão aumentassem para milhões.

Entre 1815 e 1830, os Rothschilds nada mais fizeram do que saquear as cinco grandes potências: Inglaterra, Rússia, França, Áustria e Prússia. Por exemplo, a Prússia pediu emprestado £5.000.000 a 5%, mas só recebeu £3.500.000 ou 70% pelas suas obrigações do Estado, pelo que a taxa de juro real era superior a 7%. Mas o ponto-chave do acordo era que as obrigações deveriam ser reembolsadas em poucos anos a 100%. Os Rothschilds obtiveram um lucro de £1,500,000 mais juros. Em 1823, James assumiu a totalidade do empréstimo francês.

Segundo o Professor Werner Sombart no seu livro *"The Jews and Economic Life"*:

O período a partir de 1820 tornou-se a era dos Rothschilds, de modo que em meados do século era comum dizer-se que havia apenas uma potência na Europa e que eram os Rothschilds.

Como explicado anteriormente, a obra de ficção de Disraeli, *Coningsby*, foi um relato pouco disfarçado da vida de Nathan Rothschild II, e extremamente revelador:

O seu pai [Nathan Rothschild] tinha estabelecido uma irmandade na maioria das grandes capitais. Ali estava ele o senhor e mestre dos mercados monetários mundiais, e, claro, praticamente o senhor e mestre de tudo o resto. Ele detém literalmente as receitas do sul de Itália em penhor [através de Karl Rothschild em Nápoles] e os monarcas e ministros de todos os países cortejam os seus conselhos e são guiados pelas suas sugestões. Entre Paris e Nápoles, Sidonie [Lionel] passou dois anos. Sidonie não tem coração, é um homem sem afecto.

Este é o livro que Nathan Rothschild ditou a Disraeli e publicou como ficção, mas não há história mais exacta dos Rothschilds do que esta. Quem foi Disraeli?

Em *La Vielle France* Nº 216, Bismarck disse que Disraeli era um mero instrumento dos Rothschilds e que foram Disraeli e os Rothschilds que formularam o plano para desmembrar os Estados Unidos através de uma guerra civil maciça. Disraeli foi apenas uma das suas criações que eles elevaram da obscuridade à glória. O seu avô, Benjamin D'Israel, chegou a Inglaterra em 1748. O seu filho, Isaac D'Israel, nasceu em 1766 e depressa se tornou bolchevique. Uma das suas obras intitula-se *Contra o Comércio*.

Do seu pai, Disraeli disse: "Ele viveu com homens eruditos. Estes homens eruditos eram Nathan Rothschild e a sua comitiva. A propósito, "El-Israeli" (D'israeli?) é um nome árabe de origem turca utilizado no Médio Oriente para se referir a pessoas de origem judaica. É provável que a família do seu pai tenha vindo da Turquia para Itália e se tenha estabelecido em Ancona ou Cento. O campo de Isaac era a escrita e, como muitos estudiosos antes dele, frequentava o Museu Britânico.

Era também um importador de chapéus de palha, mármore e alumínio, mas Isaac queria escrever.

Em 1788, o seu pai enviou-o para estudar em França, Itália e Alemanha. Regressou a Inglaterra em 1789 e escreveu *The Curiosities of Literature*, que foi publicado pelo socialista John Murray. Um sucesso literário, o livro passou por treze edições.

Benjamin herdou provavelmente os seus dotes de escritor do seu pai.

Nascido em 1804 numa família de meios modestos, Benjamin foi circuncidado no oitavo dia de acordo com os costumes judaicos, e cresceu na fé judaica. Embora ele se orgulhasse disso, somos levados a acreditar que ele sabia muito cedo que, no que diz respeito a cargos públicos, a sua "judaísmo" seria uma desvantagem, pois em Inglaterra, nessa altura, a religião proibia os judeus de se tornarem membros de um partido político.

Mas por ordem de Nathan Rothschild, aos treze anos de idade, Benjamin foi baptizado a 31 de Julho de 1817 como cristão para poder entrar na sociedade inglesa e no establishment político, que nessa altura estava fechado aos judeus pelos Test Acts. As ordens de Nathan Rothschild eram para quebrar todas as barreiras contra os judeus.

Uma vez disse a Lord Melbourne, o ministro do Interior, "Vou ser o primeiro-ministro de Inglaterra", o que Melbourne achou fantasioso e impossível. É claro que Melbourne não sabia na altura das ligações de Disraeli com os Rothschilds. Mas primeiro, o financiamento necessário tinha de vir de algum lugar. Aos vinte e dois anos começou a 'especular' na bolsa, uma ocupação altamente improvável para um homem que sempre esteve sem um tostão.

Um certo Thomas Jones - mais do que provavelmente um nome assumido - encontrou duas mil libras para começar, e depois nove mil libras - uma enorme soma nesses dias para investir num escritor sem um tostão e inexperiente! Não é preciso muita imaginação para concluir que 'Thomas Jones' era nada mais nada menos que Nathan Rothschild.

Tal como os biógrafos de Napoleão I, Bismarck, Metternich, Marshal Soult (que traiu Napoleão em Waterloo), Karl Marx, Bombelles, Lassalle, Hertz, Kerensky e Trotsky, os elogios a Disraeli, uma antiga não-entidade, foram abundantes. J. G. Lockhart, genro de Sir Walter Scott, estava fora de si quando escreveu em 1825:

> Posso dizer honestamente que nunca conheci um jovem tão promissor. É um estudioso, um estudante assíduo, um pensador profundo, uma grande energia, uma perseverança igual, uma aplicação incansável, e um homem de negócios meticuloso. O seu conhecimento da natureza humana e a tendência prática de todas as suas ideias surpreenderam-me muitas vezes num jovem que mal tinha passado o seu vigésimo ano.

Outro amigo deslumbrado escreveu:

> Não tinha patente, não tinha amigos importantes, não tinha fortuna, mas era um cientista capaz que deslumbrava o estabelecimento com a sua audácia de concepção, os seus brilhantes triunfos. Ele tinha aquela autoconfiança suprema que equivale a um génio virtual. Ele nunca desanimou.

Claro que o fez! Apoiado por Nathan Rothschild, ele tinha o

mundo a seus pés. Se ao menos a história pudesse ser reescrita!

A aristocracia inglesa não foi destruída pela Revolução "francesa" e permaneceu implacavelmente oposta aos judeus até que Disraeli, em nome dos Rothschilds, os derrotou. Disraeli era o cavalo de Tróia, escorregou para o próprio coração da sociedade inglesa e do seu estabelecimento político.

(Documentos do Conde Cherep-Spiridovich e do Museu Britânico)

Em Dezembro de 1922, o British Guardian publicou um artigo do Dr. John Clarke, que merece ser citado:

E a forma como esta poderosa empresa [os Rothschilds] governa o governo da França e da Inglaterra pode ser inferida a partir de dois incidentes recentes. O Secretário da Legação Francesa, Sr. Thierry, na Embaixada em Londres, casou-se há alguns meses com uma mulher judia do clã Rothschild. E agora os mentores ocultos do novo partido "Conservador" da Lei Bonar [o primeiro-ministro britânico que prometeu seguir as políticas de Disraeli] são os mesmos.

O governo induziu-o a enviar como embaixador em Paris uma 'liberal' não diplomática, a Marquesa de Crewe, cuja esposa é filha de Hannah Rothschild, Condessa de Roseberry. Aqui temos a verdadeira base do Entente franco-británico - 'R.F.', que significa Rothschild Frères, os irmãos Rothschild, abrange o Império Británico, a República Francesa e a maioria das outras repúblicas e reinos entre Moscovo e Washington.

Quem preparou o caminho para mudanças tão espantosas na cena política inglesa? Foi Disraeli, que 'controlou' o Primeiro-Ministro Bonar Law. Em Buckle's *Life of Disraeli*, o autor não dá qualquer indicação de quem fez Disraeli:

"Nenhuma carreira na história inglesa é mais maravilhosa do que a de Disraeli, e até agora nenhuma foi envolta em maior mistério".

De facto, não havia 'mistério' de todo. Mas para Nathan e o seu filho Lionel Rothschild, Disraeli nunca teria existido fora do seu círculo familiar pequeno e próximo. De 1832 a 1837 Disraeli teve grandes problemas com dívidas não pagas. Em Abril de 1835 foi obrigado a passar grande parte do seu tempo dentro de casa para "evitar ser beliscado pelos credores", como escreveu numa carta a Lady Henrietta Sykes, a sua amante.

Em Agosto de 1835, Disraeli foi para Bradenham, para escapar aos seus credores. Um deles foi um Austen que ameaçou mandá-lo prender e mandá-lo para uma prisão de devedores. Em Bradenham, tentou escrever o seu romance *Henrietta Temple*. Nessa altura, as suas dívidas já estavam a ensombrar a sua escrita. Em Julho, outro dos seus credores, um tal Thomas Mash que tinha estado a pressionar para o pagamento, tornou-se urgente e Disraeli caminhou com medo (quando se aventurou a sair) de uma prisão iminente.

Perpetuamente em dificuldades financeiras, fortemente endividado aos vinte anos de idade e incapaz de ganhar um lugar na Câmara dos Comuns, o que tinha tentado fazer de 1832 a 1837, os Rothschilds, que o observavam desde os dez anos de idade, fizeram dele o seu "camareiro".

Ao escrever à sua irmã Sarah em 1849, Benjamin admite isto. Aquele ano foi o pior período financeiro da sua vida. Foi assediado pelos seus credores e teve de comparecer perante um tribunal de assesssão quando, como disse na sua carta a Sarah, "Mayer Rothschild deixou o gato sair do saco involuntariamente".

Disraeli não "elevou a Inglaterra à posição mais alta", como afirma Buckle. Pelo contrário, o que ele fez foi preparar a Inglaterra para uma série de guerras desastrosas. Assustou gerações de ingleses com as suas mentiras sobre a "Grande Rússia" ser um suposto perigo e ameaça para a Grã-Bretanha. O Primeiro-Ministro Gladstone acusou Disraeli de mentir. Foi sincero acerca do alegado "perigo" russo?

Lord Gladstone disse que havia apenas duas coisas que ele estava "a levar a sério, a sua esposa e a sua raça". Gladstone obviamente não sabia que Benjamin era "sério" em relação aos Rothschilds, dos quais raramente falava, talvez porque ninguém de qualquer categoria poderia desafiar os Rothschilds impunemente.

Benjamin Disraeli é o homem certo para os Rothschilds, Lionel, Mayer, Anthony e as suas famílias, incluindo os Montefiores. Numa carta à sua irmã Sarah, ele escreveu que depois da sua lua-de-mel tinha havido uma festa na casa da Sra. Montefiore e que "não havia um nome cristão".

Não há dúvida de que Benjamin tem prestado um grande serviço aos seus mentores, fornecendo-lhes "inteligência" da sua alta posição.

Sabe-se que foi um destes "trabalhos de espionagem" que permitiu aos Rothschilds lançar o lucrativo empréstimo do Canal do Suez.

Descrito como um "golpe de Estado" engendrado por Disraeli, os factos não foram tão simples. Através do seu serviço secreto de "inteligência", Disraeli soube que o Khedive do Egipto, Ishmail Pasha, queria vender as suas acções na Companhia Universal Suez.

Graças à "informação" fornecida por Von Thurn e pelo controlo do correio dos táxis, a 15 de Novembro de 1875 Disraeli foi informada de que o Khedive estava a negociar com dois bancos franceses para a venda das acções. Disraeli correu imediatamente para o Barão Lionel de Rothschild, que concordou em conceder um empréstimo ao governo britânico para este fim. O plano secreto foi elaborado por Lionel e Disraeli e apresentado ao Gabinete Britânico para aceitação a 24 de Novembro. A capacidade de Lionel de agir tão rapidamente não é mencionada, e por isso aos olhos do público continua a ser uma "proeza Disraelita".

Este relato, extraído das obras recolhidas do Major-General Conde Cherep-Spiridovich, vai muito no sentido de dissipar os mitos e lendas que se desenvolveram em torno da vida e dos tempos de Nathan Rothschild, dos seus parentes próximos e distantes que viveram em Londres, e do lendário Disraeli.

CAPÍTULO 6

Benjamin Disraeli: um espião ao serviço dos Rothschilds

Foi uma situação vantajosa para todos, com os Rothschilds sempre prontos para socorrer Benjamin dos seus problemas financeiros, especialmente em 1835, 1849, 1857 e 1862, quando as suas dívidas ascendiam hoje a cerca de 300.000 dólares, sem qualquer forma de reembolso. Perante o seu inimigo, o Duque de Portland, que o perseguia, foi "emprestado" por um homem da frente do Barão de Rothschild, um Philip Rose, que por acaso estava hospedado no mesmo hotel em Torquay ao mesmo tempo que o Barão Rothschild. Somos levados a acreditar que Rose convenceu Rothschild a emprestar a Disraeli o dinheiro de que precisava. Situada na costa leste de Inglaterra, Torquay era uma estância balnear da moda, com bons hotéis e spas, frequentemente frequentados pela realeza e seus familiares. Numa carta dirigida à sua irmã em Dezembro do mesmo ano, Benjamin escreveu:

"Ele gosta de dar aos seus amigos, não de emprestar, porque nunca se interessa por mim..."

Proponho-me a examinar a história de algumas das pessoas mais famosas do mundo e tentar descobrir o papel que os Rothschilds desempenharam nas suas vidas. Também vou olhar para revoluções e guerras pela mesma razão. É uma tarefa assustadora, mas mais necessária do que nunca.

Tem havido tantas mentiras na história da elite dominante que os nossos sentidos estão entorpecidos e pergunto-me como é que a verdade alguma vez será conhecida pelas pessoas comuns deste mundo, que tiveram de suportar o peso destas convulsões e nunca souberam porque é que tiveram de fazer sacrifícios tão terríveis . Claro que têm as explicações marteladas pela propaganda que satisfaz a maioria das pessoas, mas para aqueles que querem saber a verdade, nunca foi suficiente falar de "patriotismo", "amor à pátria", "tornar o mundo seguro para a democracia" e combater uma "guerra para acabar com todas as guerras". Não posso recuar muito na história, por isso vamos começar com algumas das convulsões mais explosivas que atingiram o mundo, começando pelo século 18 e as personalidades envolvidas, e depois continuando até ao século 20 . Por razões de espaço, limitar-nos-emos aos aspectos mais significativos destes eventos.

Embora não haja provas tangíveis do envolvimento do Rothschild no cataclismo da Revolução Francesa, os historiadores tendem a acreditar que estavam por detrás disso, através de alguns dos seus agentes. O seu conhecido ódio ao cristianismo e o seu desejo de livrar a França da monarquia cristã que representava foram a força motriz por detrás da revolução. A oposição ao cristianismo é o factor que teria motivado os Rothschilds a tomar medidas indirectas para o enfrentar em todas as oportunidades.

Uma coisa ficou clara no passado: todas as guerras travadas desde então foram a favor do avanço do socialismo internacional, do qual os Rothschilds eram partidários convictos.

Documentos no Museu Britânico indicam que os Rothschilds estiveram profundamente envolvidos em todas as revoltas e guerras desde 1770. Indirectamente, há provas de que uma filial dos Rothschilds participou no financiamento da Revolução Francesa através do banco de Moses Mocatta, tio de Sir Moses Montefiore, cujo irmão, Abraham Montefiore, era casado com Jeanette, a filha de Mayer Amschel.

O filho de Mayer Amschel, Nathan, casou com a cunhada de Sir Moses Montefiore em 1806. Outra filha de Abraham Montefiore, Louisa, casou com Sir Anthony Rothschild em 1840.

Uma abordagem factual da história permite-nos compreender

que as casas bancárias judaicas de Daniel Itzig, David Friedlander, Herz Geribeer e Benjamin e Abraham Goldsmidt, foram os principais financiadores da Revolução 'francesa'. É interessante notar que dos cinquenta e oito casamentos contraídos pelos descendentes de Mayer Amschel, vinte e nove foram entre primos em primeiro grau.

A partir de 1848, o ritmo acelerou. Marx estabeleceu que todas as guerras deveriam ter como objectivo o avanço do socialismo internacional, e Lenine e Trotsky consagraram-no na doutrina comunista. A Primeira Guerra Mundial foi iniciada para estabelecer o bolchevismo na Rússia, para criar um "lar para os judeus na Palestina", para destruir a Igreja Católica e desmembrar a Europa.

A primeira tentativa de um único governo mundial foi lançada sob o disfarce da Liga das Nações. A Segunda Guerra Mundial foi travada para destruir o Japão e a Alemanha - dois países onde o espírito nacional era particularmente forte - para fazer da URSS uma potência mundial comunista e alargar o alcance do bolchevismo a três quartos do mundo. No rescaldo da guerra, os EUA foram instados a juntarem-se à próxima tentativa de um único governo mundial, as Nações Unidas.

A Segunda Guerra Mundial mudou a face dos Estados Unidos, que foi forçada pelo seu grande contingente de socialistas internacionais em posições de poder a desmamar-se da sua Constituição e forma republicana de governo e a assumir o papel do novo Império Romano mundial. Em suma, os Estados Unidos foram transformados da sua forma de governo republicano cristão numa potência imperial destinada a conquistar o mundo para e em nome do socialismo internacional.

Por detrás destas poderosas mudanças estava o poder, o dinheiro e a mão guia dos Rothschilds. Vou tentar rever os principais acontecimentos que despoletaram estas guerras e outros acontecimentos históricos importantes.

Quando a revolução eclodiu em França, a nobreza e o clero eram liberais para os cidadãos franceses. Tinham liberdade de trabalho e liberdade de imprensa; segundo o livro de Louis Dasté, *Maçonaria e o Terror*, baseado em registos do período anterior a 10 de Agosto de 1789 - tudo o que o povo francês queria no caminho da liberdade, liberdade de tributação excessiva, e liberdade de religião tinha sido concedido. Se há uma coisa que aprendi com a história, é que existe um poder maligno que odeia e luta até à morte contra todas as formas de liberdade e justiça para os homens comuns do mundo.

Sempre que um tal sistema de governo foi criado, estes governantes secretos e maléficos entraram e derrubaram estes governos benevolentes, recorrendo à violência e crueldade extremas. Um exemplo é a Rússia, onde o czar Alexandre II tinha concordado com uma nova constituição.

O seu ministro, Stolypin, tinha posto em marcha a maquinaria para conceder terras aos camponeses e nacionalizar os bancos; o czar Nicholas tinha banido as guerras ao ameaçar "matar o primeiro a disparar"; e os czares eram conhecidos como o povo mais culto, erudito e gracioso do mundo. Stolypin foi cruelmente assassinado por revolucionários bolcheviques para impedir que as liberdades e reformas prometidas pelo czar fossem postas em prática.

A 4 de Agosto de 1789, oitenta e três pessoas não identificadas invadiram o Hôtel de Ville em Paris, gritando "nós somos os 300" (revelando assim inadvertidamente a mão oculta dos seus controladores).

Em França, a Câmara Municipal é geralmente o centro da administração civil. Robespierre e Danton não se juntaram imediatamente à sede de sangue que se seguiu. Stéphane Lausanne, editor de Le *Matin de Paris*, disse num artigo a 6 de Janeiro de 1923:

> Nós franceses pensamos saber tudo sobre as forças do nosso planeta. Mas não sabemos nada sobre os homens cujos nomes as massas nem sequer conseguem soletrar. Estes homens, mais poderosos do que César ou mesmo Napoleão, governam o destino do Globo. Estes homens dirigem os chefes de Estado, controlam e subjugam as pessoas que governam, manipulam as

trocas, iniciam ou reprimem revoluções.

O que ele não sabia era que os Rothschilds criaram e controlaram Napoleão como seu instrumento, e que se livraram dele assim que o génio corso se apercebeu deste facto e entrou num estado de rebelião, cuja primeira manifestação foi o divórcio da sua esposa, a crioula Josefina. Philip Francis, escrevendo no *New York American* sob o título "The Poison in America's Cup", disse:

> Em teoria governamo-nos a nós próprios; na realidade somos governados por uma oligarquia da filial americana da Federação Internacional de Banqueiros, a coligação de saqueadores. O governo britânico é a camuflagem por detrás da qual os reis do dinheiro deste mundo têm escondido até agora a sua guerra económica contra as massas de pessoas.

Não há provas directas do envolvimento do Rothschild no surto da Revolução Francesa, mas há amplas provas de que Mirabeau era membro do lodge Les Amis Réunis, tal como o seu parceiro, Talleyrand. Mirabeau e Talleyrand descobriram Napoleão, que tinha sido anteriormente um oficial obscuro no exército francês. Acredita-se que muitos detalhes da Revolução Francesa foram discutidos no palácio do Landgrave de Hesse em Wilhelmsbad, onde se sabe que Maçons importantes se reuniram frequentemente, o que estabelece uma ligação com Mayer Amschel, que dirigiu "o conclave secreto mortal para além e desconhecido dos maçons", onde a Revolução "francesa" foi planeada.

Havia também a ligação com Adam Weishaupt, fundador dos Illuminati através de Wilhelmsbad. O livro acima mencionado *The Rothschild Money Trust*, afirma na página 17:

> É também aceite, como afirmam, que os Illuminati desempenharam um papel importante na realização dos dias sangrentos de 1789, que eles prepararam e alegadamente financiados pelos judeus, e que a grande Casa de Rothschild tinha acabado de atingir o auge financeiro. Há provas de que esta revolta contra a realeza foi financiada pela "grande casa de Rothschild" e que a Revolução Francesa foi provocada por judeus. Foi o acto final que libertou os judeus das suas

desvantagens políticas e civis em França.

Infelizmente para a história, *The Rothschild Money Trust* não fornece fontes específicas para apoiar a alegação de que a Revolução Francesa foi financiada pelos Rothschilds.

Em 1782, tendo 'adquirido' a vasta fortuna do Landgrave de Hesse-Cassel, Amschel solicita Weishaupt, que na altura leva a vida de um mendigo. Weishaupt é um homem de meios modestos que luta para encontrar o dinheiro para pagar um aborto ilegal realizado na sua cunhada. Após o seu encontro com Amschel, Weishaupt chega a Paris com milhões de francos à sua disposição. Ele "importa" pelo menos 30.000 criminosos da pior espécie e instala-os em covil em Paris. Ele faz a mesma coisa na Alemanha. Quando todos os preparativos estiverem concluídos e o palco estiver montado em 1789, todo o inferno se desencadeia em Paris. Segundo o autor Pouget Saint-André, um cronista da revolução que eclodiu em França, Danton é judeu, tal como Robespierre, cujo verdadeiro nome é Ruben. Pouget St André, autor de *Les Auteurs de la Révolution Française*, fez a pergunta que até hoje nunca foi respondida:

"Porque é que a Convenção derramou tanto sangue? Diz-se que o derramamento de sangue foi causado pelo ódio do povo contra a classe privilegiada. Como explicar a baixa percentagem de aristocratas executados que ascende apenas a 5% de todos os condenados? Porque foram as reformas compradas ao preço exorbitante de 4 mil milhões de francos e 50.000 cabeças, quando Luís XVI já as oferecia gratuitamente"?

Ernest Renan no seu trabalho, *La Monarchie constitutionnelle en France*, escreveu O assassinato do Rei Luís XVI foi um acto do mais hediondo materialismo, da mais vergonhosa profissão de ingratidão e baixeza, da mais comum vilania e esquecimento do passado. Nada mais do que a sede de sangue daqueles que mataram o Rei justificava tal sacrifício.

CAPÍTULO 7

Testemunhos dos horrores da Revolução Francesa

Todos aqueles que tinham feito o trabalho das sociedades secretas e os seus capangas para tomar conta da França foram então executados, alguns horrivelmente e cruelmente, incluindo Danton e Robespierre, imagina-se, para os silenciar, para que um dia não fossem tentados a revelar quem eram as pessoas por detrás da revolução.

O homicídio, então como agora, era a arma favorita utilizada contra aqueles que procuravam frustrar a vontade dos '300'.

Lord Acton, no seu ensaio sobre a Revolução Francesa, fez esta observação:

> O que é terrível não é o alvoroço, mas o desenho. Através de todo o fogo e fumo, vemos as provas de uma organização calculista. Os líderes permanecem cuidadosamente escondidos e mascarados, mas a sua presença é inconfundível desde o início.

Voltaremos ao conflito russo-japonês de 1904, aos que o criaram, financiaram-no e às suas razões, mas por agora, de passagem, citaremos o que o editor do *New York Evening Post* disse a 9 de Dezembro de 1924:

> Algures por detrás do nevoeiro da propaganda, mãos sinistras e invisíveis procuram destruir as relações pacíficas entre a Rússia e o Japão. O Japão não quer a guerra. A América certamente não quer a guerra. Porquê então o clamor perpétuo de que o Japão é um inimigo a ser vigiado, desconfiado, armado e eventualmente combatido?

De todas as figuras históricas dos últimos três séculos, nenhuma é mais conhecida do que Napoleão. No entanto, pouco se diz sobre como ele passou da obscuridade à fama.

Tal como a maioria das pessoas "adoptadas" pelos Rothschilds, Napoleão era muito pobre quando Talleyrand o apresentou aos Rothschilds. Ele não tinha dinheiro para pagar a conta da lavandaria e só tinha uma camisa. O seu uniforme tinha sido fornecido por Josephine de Beauharnais, com quem mais tarde se casou depois do Conde Paul de Barras a ter rejeitado depois de ter sido sua amante.

Em 1786, Napoleão era um segundo tenente, um pobre oficial subalterno sem um tostão, indo de porta em porta à procura de um emprego para complementar o seu salário. Era uma época em que os povos da Europa se tinham cansado do tríptico teórico 'Liberté, Égalité et Fraternité'. Amschel ficou desapontado por Weishaupt ter feito poucos progressos na sua luta contra a Igreja Católica, e estava à procura de "novos talentos". Amschel ficou suficientemente impressionado com o fogo e o ardor do corso que lhe deu os meios para viver decentemente. H. Fischer, num artigo consultado no Museu Britânico, escreve:

> "Em 1790, Napoleão conseguiu, por meios considerados sem escrúpulos na altura, ser eleito segundo comandante de um batalhão inteiro".

Como é que lá chegou? Charles MacFarlane, no seu livro *A Vida de Napoleão* (que costumava estar no Museu Britânico, onde pude consultá-lo), lançou alguma luz sobre esta "espantosa ascensão ao poder".

Augustin Robespierre, o irmão mais novo do terrível Ditador, tinha-se encontrado com Bonaparte durante a captura de Toulon em 1798. É um facto inegável que ele desenvolveu uma intimidade, tendo todas as aparências de uma amizade calorosa com Augustin, que devia ser tão impiedoso como o seu irmão mais velho.

De acordo com a autobiografia de Wolf Tone (Barry 1893), Robespierre era um iluminista.

Cristão por nome, Napoleão rapidamente sentiu o ódio do

cristianismo a arder no peito de Amschel, e por isso recorreu à simulação para satisfazer o seu novo fornecedor de dinheiro. Voltou-se contra a Igreja Católica. A humilhação do Papa foi uma perspectiva muito agradável para Amschel, e o dinheiro começou a fluir para os bolsos de Napoleão em quantidades cada vez maiores.

É assim que se explica a sua "espantosa ascensão ao poder", o seu "espantoso sucesso"! Como se diz na linguagem moderna, os escritores e biógrafos de Napoleão simplesmente não seguiram o rasto do dinheiro.

O fracasso de Weishaupt em destruir a Igreja Católica, para o qual tinha sido "construído" por Amschel, foi exasperante, mas quando Napoleão foi levado ao seu conhecimento, toda a obra lhe foi confiada. A forma como deveria ser realizada foi planeada nas pousadas maçónicas em Paris frequentadas por Talleyrand e em Frankfurt por Amschel.

Foi Talleyrand que disse a Napoleão:

> A guerra é a única forma de destruir a Igreja.

H.G. Wells reconheceu isto quando descreveu o génio corso como um "destruidor (revolucionário) duro, capaz, competente, de iniciativa", mas não mencionou o seu financiador, sem cujas massas de dinheiro estas características lhe teriam sido de pouca utilidade.

Tal como Kerensky, Trotsky, Disraeli, Lloyd George e Bismarck, Amschel tomou Napoleão quando ele não era importante, e fez dele o homem mais importante da Europa.

Embora H. G. Wells se tenha queixado de não ter prosseguido com a revolução, não era essa a questão. Quando Amschel teve Napoleão nomeado Primeiro Cônsul vitalício por uma grande maioria de votos, o palco foi preparado para levantar a cortina sobre a Europa.

Enquanto desempenhou a missão de Amschel de destruir as monarquias cristãs e a Igreja Católica, Napoleão levou uma vida encantada, passando de um sucesso para outro. *How Great Was*

Napoleon é um excelente livro de Sidney Dark, que encontrei no Museu Britânico, no qual ele escreve:

> Napoleão, nascido sem qualquer vantagem de riqueza ou alta descendência, fez-se senhor do mundo antes dos 35 anos e terminou a sua carreira de incomparável impossibilidade romântica aos 46 anos de idade.

Isto é esquecer completamente os poderes por detrás de Napoleão, Amschel e os seus milhões e os projectistas dentro das pousadas maçónicas em Paris e Frankfurt. A 9 de Março de 1796, Napoleão casou com Josephine de Beauharnais, uma crioula com apetites sexuais insaciáveis que já tinha pago pelo seu uniforme.

O casamento foi organizado pelos Rothschilds através do Conde Paul de Barras que também tinha nomeado o comandante-chefe do exército de Napoleão em Itália.

Josephine era a amante de Barras, mas, farto dela, queria acabar com a relação deles. Para evitar que ela se vingasse dele, o Conde de Barras providenciou para que ela se casasse com Napoleão, o que dificilmente é o giro 'romântico' dado ocasionalmente por praticamente todos os escritores sobre a vida e os tempos de Napoleão.

Josephine ajudou de Barras com informações confidenciais que lhe foram dadas pelo seu marido, as quais naturalmente foram directamente para os Rothschilds. A coroação de Napoleão em 1804 foi tratada com indiferença por Amschel, mas ele ficou alarmado quando o Papa foi convidado. Os Rothschilds ficaram consternados e zangados quando Napoleão se divorciou de Josefina e casou com a arquiduquesa Marie-Louise em 1810. Os Rothschilds reconheceram que haveria cada vez menos oportunidades para destruir os reinos e esmagar a Igreja Católica.

Em 1810, o dado foi lançado contra Napoleão e James Rothschild iniciou a tarefa de arruinar o seu antigo herói.

A história completa da desilusão gradual de Napoleão, o seu despertar para descobrir que não estava a lutar pela França, mas sim por uma potência estrangeira a fim de reforçar o seu domínio sobre a nação como consequência necessária da revolução, o papel dos Illuminati e dos Maçons na sua incrível ascensão, deixou-o cada vez mais irritado.

A sua realização foi lenta e dolorosa, mas assim que a sua mente se abriu à verdade, Napoleão começou a rebelar-se contra os seus controladores. Na sua *História de Napoleão*, G. Bussey afirma que Napoleão mudou, perdeu o seu feroz desejo de guerra e declarou:

> "Graças a Deus, estou em paz com o mundo.

Os Rothschilds já não precisavam da sua velha ferramenta. Eles financiaram e criaram uma frente chamada "Liga Contra Napoleão". Os mentores que Napoleão tinha começado a negligenciar voltaram-se agora contra ele. Karl Rothschild foi rápido a envenenar as relações entre o Papa e Napoleão, que desconhecia a este último, ordenou a prisão do Santo Padre pelo General Radet. O Papa reagiu excomungando o Imperador.

Napoleão tinha tentado ganhar o favor do Papa. Ele sente o chão debaixo dos seus pés enquanto um acontecimento após outro se vira contra ele. Uma tentativa de assassinato do agente dos Illuminati Stapps é frustrada pela vigilância do General Rapp.

A campanha russa foi flagelada por problemas de abastecimento e falta de alimentos. Napoleão não se apercebeu que se tratava de uma sabotagem deliberada do seu exército. Foi obrigado a ordenar uma retirada de Moscovo, durante a qual milhares de soldados que morriam de feridas e do frio foram impiedosamente fuzilados pelos agentes de Rothschild que chegavam na sua retaguarda.

A perda de vidas cristãs foi terrível. O fracasso da conquista do Papa foi uma séria preocupação para Napoleão, cuja confiança estava a minguar. Ele notou isso:

> O Papa poderia ter sido conquistado como mais um meio de vincular as partes federadas do Império. Devia ter tido as minhas sessões religiosas, bem como as minhas sessões legislativas. Os meus conselhos teriam sido os representantes da Cristandade, e o sucessor de São Pedro teria sido o seu presidente.

Demasiado tarde, pois Karl Rothschild já tinha garantido que tal plano não teria sucesso. Nenhum historiador pode dizer por que razão Napoleão atacou a Rússia em 1812. As teorias abundam, mas nenhuma é sólida. Alexander I disse sobre o assunto:

"Napoleão fez guerra contra mim da forma mais odiosa e enganou-me da forma mais pérfida.

Por seu lado, Napoleão confiou ao General Gourgaud :

Eu não queria entrar em guerra com a Rússia. Bassano e Champagny [Ministros dos Negócios Estrangeiros] convenceram-me de que a nota da Rússia era uma declaração de guerra. Eu pensava mesmo que a Rússia queria a guerra. Quais foram os verdadeiros motivos para a campanha na Rússia? Não sei, talvez o próprio Imperador não soubesse mais do que eu.

Os Rothschilds arruinaram Napoleão na Batalha de Waterloo. Foi traído pelo Marechal Soult, um homem que tinha feito amizade, mas que estava a pagar aos Rothschilds. Napoleão tinha feito de Soult o Duque da Dalmácia com um salário de vários milhões de francos e nomeou-o marechal dos logis. Em Waterloo Soult não conseguiu tomar e segurar Genappe, uma aldeia importante para ancorar o flanco do exército de Napoleão.

Pior ainda, o Marechal Grouchy, que era suposto trazer reforços, chegou 24 horas mais tarde, apesar de ter ouvido os canhões e de saber que a batalha tinha começado. De Soult, Napoleão queixou-se amargamente:

Soult, o meu segundo em comando em Waterloo, não me ajudou tanto quanto poderia ter feito... O seu pessoal, apesar das minhas ordens, não estava organizado. Soult era muito facilmente desencorajado... Soult não valia nada. Por que razão, durante a batalha, não manteve a ordem em Genappe?

Pior ainda, na manhã da batalha, um inimigo do pessoal da Córsega colocou no seu pequeno-almoço uma substância que lhe deu uma terrível dor de cabeça. Tal é o poder dos Rothschilds e a falsificação da história; mas pela traição e traição cometidas contra ele, Napoleão teria vencido Blücher e Wellington de mãos a abanar. Soult serviu bem os seus mestres; deram-lhe alguns dos mais altos cargos em França. Que ele era o pai de Bismarck tem sido frequentemente sugerido, mas nunca provado. Em tempos, a mãe de Bismarck foi amante de Soult, o que o próprio Bismarck confirmou:

> Não foram os meus talentos ou capacidades que me tornaram grande, mas o facto de a minha mãe ser a dona da Soult [uma das 300] que me ajudou.

Bismarck foi "fabricado" pelos Rothschilds através da família Menken. O seu pai, William, tinha casado com uma Louise Menken, que o Conde Cherep-Spiridovich disse ser judia. O Marechal Soult, que traiu Napoleão em Waterloo, foi membro do Comité dos 300, que ocupou o mais alto cargo em França até à sua morte.

Soult estava frequentemente presente na residência de William Bismarck e era amplamente considerado como o pai do jovem Bismarck. Foi este "porão" na mãe de Bismarck que manteve o jovem Bismarck sob o controlo de James Rothschild. Em 1833, Bismarck caiu em tempos difíceis e estava em perigo de perder os seus bens. Através de Disraeli, James Rothschild fez amizade com o jovem Bismarck e procurou fazer dele um futuro líder "conservador" da Europa. Oscar Arnim, membro do Reichstag, casou com a irmã de Bismarck, Malian.

Após o casamento, Bismarck estava totalmente sob a direcção de Lionel Rothschild. Que Bismarck estava ciente disto é revelado numa declaração feita por Walter Rathenau em 1871:

> Àqueles que persistiram em tratar Bismarck como um grande génio político, um homem do destino, marcado, como Napoleão, com o selo de uma trágica predestinação, Bismarck repetiu que não acreditava em grandes homens providenciais; que, de acordo com a sua convicção, as celebridades políticas deviam a sua reputação, se não ao acaso, pelo menos a circunstâncias que elas próprias não poderiam ter previsto.

CAPÍTULO 8

Bismarck revela o "terreno financeiro elevado que domina a Europa

Bismarck sabia certamente que a Guerra Civil Americana estava a ser fomentada pelo que ele chamou "as grandes potências financeiras da Europa". Isto é confirmado pelo notável relato de Conrad Siem, publicado em *La Vieille France*, N 216, em Março de 1921.

Segundo a Siem, Bismarck falou com ele em 1876 sobre a Guerra Civil:

> A divisão dos Estados Unidos em duas federações foi decidida muito antes da Guerra Civil pelas grandes potências financeiras da Europa. Estes banqueiros receavam que se os Estados Unidos permanecessem como um bloco e uma nação, alcançariam a independência económica e financeira, o que iria perturbar o seu domínio sobre o mundo. A voz dos Rothschilds predomina.

> Viram um espólio tremendo se substituíssem duas democracias fracas que lhes eram devidas por uma República vigorosa, confiante e autónoma.

> Lincoln nunca suspeitou destas maquinações subterrâneas. Ele era um homem anti-escravidão, e foi eleito como tal. Mas o seu carácter impediu-o de ser um homem de partido único. Quando tinha o negócio em mãos, percebeu que aqueles sinistros financiadores da Europa, os Rothschilds, queriam fazer dele o executor dos seus desenhos. Tornaram iminente a ruptura entre o Norte e o Sul! Os mestres das finanças na Europa tornaram esta ruptura definitiva a fim de a explorar ao máximo...

> A personalidade de Lincoln surpreendeu-os. Pensavam que podiam facilmente enganar o candidato lenhador. A sua

candidatura não os preocupou. Mas Lincoln viu através das suas parcelas e logo percebeu que o Sul não era o pior inimigo, mas sim os financiadores. Não confiava as suas dúvidas; observava os movimentos da Mão Oculta. Não quis expor publicamente o que poderia confundir as massas ignorantes.

Decidiu eliminar os banqueiros internacionais, estabelecendo um sistema de empréstimos, permitindo aos Estados pedir empréstimos directamente ao povo sem intermediários.

Não estudou finanças, mas o seu robusto senso comum disse-lhe que a fonte de toda a riqueza reside no trabalho e na economia da nação. Ele opôs-se à emissão de notas pelos Financiadores Internacionais. Obteve do Congresso o direito de pedir emprestado ao povo, vendendo-lhe os títulos dos Estados.

Os bancos locais ficaram muito contentes por ajudar um tal sistema, e o governo e o povo escaparam às parcelas de financiadores estrangeiros. Compreenderam de imediato que os Estados Unidos escapariam ao seu domínio. A morte de Lincoln foi resolvida. Nada é mais fácil do que encontrar um fanático determinado a atacar. A morte de Lincoln é um desastre para a cristandade.

Não havia nenhum homem nos Estados Unidos suficientemente grande para usar as suas botas. Os financiadores internacionais estão de volta à caça da riqueza do mundo. Temo que com os seus bancos, a sua astúcia e os seus truques desonestos - eles têm o controlo total da riqueza exuberante da América e estão a utilizá-la para corromper sistematicamente a civilização moderna. Receio que não hesitarão em mergulhar toda a cristandade na guerra e no caos, para que a terra se torne a sua herança.

(Gostaria de reiterar que a preparação deste livro envolveu dez meses de investigação intensiva sobre este assunto em particular no Museu Britânico. Os livros cujas fontes são citadas, tais como *Talks With Napoleon at St. Helena* e *Propaganda in the Next War* e as obras de John Reeves - e muitas outras mencionadas - podem já não estar disponíveis).

A Rússia despertou um ódio particular entre os Rothschilds, que se colocaram contra a família Romanov. A filha de Tiesenhaus, um destacado historiador alemão, escreveu que partilhava a desconfiança do seu pai em relação ao Czar:

> ... Mas depois de o conhecer, como muitos outros, ficou impressionada com a franqueza, energia e nobreza de carácter de Alexandre. Esta impressão transformou-se numa amizade leal e dedicada (Imperador Alexandre - Mme de Choiseul-Guffress)

Segundo o Conde Cherep-Spiridovich, Nathan Rothschild tentou fomentar uma revolução na Rússia, mas falhou, e Lionel confessou a Disraeli que a mesma estava a ser preparada na Alemanha:

> "Os principais agentes de James Rothschild III foram mobilizados contra o czar Nicholas I para provocar uma guerra em Crimea, mas não conseguiram vencer, pelo que envenenaram Nicholas I em 1855". (British Museum Papers, Mão Oculta, página 119)

Nestes importantes acontecimentos, Disraeli desempenhou um grande papel, quer como "confessor", quer como conselheiro para os Rothschilds. Como os Rothschilds assumiram o controlo de Marie Louise é contado pela Sra. Edith E. Cuthell no seu livro, *An Imperial Victim*: Em Dezembro de 1827, Marie Louise, a viúva de Napoleão I, obteve um empréstimo de dez milhões de francos da Rothschilds.

A 22 de Fevereiro de 1829, perdeu o seu marido, o Conde Neipperg, o que continua a ser um mistério para todos os historiadores.

O príncipe Metternich, que tinha sido um mero "escrivão" de Salomon Rothschild de Viena, disse a Bombelles, outro protegido Rothschild, que queria um homem que pudesse guiar o carácter fraco de Marie Louise. Bombelles tornou-se a confidente de Marie Louise, e mais tarde casou com ela.

Os Rothschilds tinham agora o controlo completo da viúva de Napoleão através de Bombelles, que tinha conquistado o seu coração enquanto ela ainda era a Condessa Niepperg.

De acordo com o autor Edmond Rostand, Bombelles era extremamente bonito. A Sra. E.E. Cuthwell descreveu Bombelles da seguinte forma

Ele tem ainda mais ambição. Com a sua voz suave sussurrou aos ouvidos das mulheres. Bombelles queria casar com uma Miss Cavanaugh, que tinha dinheiro. Ele atingiu o seu objectivo. A sua esposa morreu, deixando-o com o coração num caso de chumbo. Ele enterrou-o. Um ano depois teve uma paixão desesperada por outra herdeira rica, que o recusou. (*Uma Vítima Imperial*, página 321)

Após a morte de Marie, Louise Bombelles foi nomeada controladora do imperador austríaco.

Circularam rumores de que ela tinha morrido de envenenamento em Parma e que continuava a fazê-lo (página 373).

O Conde Cherep-Spiridovich conta o que se seguiu:

Bombelles, apoiado por Salomon e pelo seu escriturário, Metternich, foi nomeado "educador" do futuro Imperador da Áustria, Franz Joseph. Bombelles foi o autor responsável pela mais terrível deslealdade, baixeza e crueldade austríaca, que começou a surpreender o mundo a partir de 1848, quando Franz Joseph, com apenas dezoito anos, se tornou Imperador de jure, e Bombelles era o "poder por detrás do trono" recebendo e cumprindo as ordens de Rothschild. O seu primeiro acto foi trair a sua palavra a Nicholas I que fez da clemência para o general húngaro Sheezeny e as suas tropas uma condição "sine qua non". Franz Joseph estrangulou-os, assim que as tropas russas deixaram a Áustria. (*A Mão Oculta*, página 123)

Os Rothschilds não eram apenas emprestadores de dinheiro, mas também especuladores. A sua área de maior interesse foi a construção dos caminhos-de-ferro da Europa e da Rússia, que eles apreenderam e retiveram. Num relato deste esforço contido nos documentos do Museu Britânico, James Rothschild forçou a França a concordar com o financiamento do seu Northern Railway:

O governo assumiu a responsabilidade de gastar 100 milhões de francos para construir a plataforma. James concordou em gastar 60 milhões, fornecendo carroças, etc.

Durante 40 anos recebeu 17 milhões por ano como rendimento, ou seja, 620 milhões em juros mais o capital de 60 milhões. Nesta empresa os Rothschilds utilizaram 60 milhões do dinheiro dos seus depositantes pelos quais pagaram 4% de juros, ou seja, 2.400.000 por ano, obtendo assim 14.600.000 francos por ano para a sua assinatura. *O Journal des Débats*, para enganar a nação, alegou em Julho de 1843 que o Rothschild estava arruinado. A imprensa francesa já estava a desempenhar o papel de agente provocador cinquenta anos antes do escândalo do Panamá. Os Rothschilds cobiçavam as ricas presas dos caminhos-de-ferro a todo o custo. Durante algum tempo, o governo francês atravessou um período de honestidade e teve a temeridade de refrear a sua predação.

Em 1838, o Sr. Martin da Ferrovia do Norte propôs ao Parlamento uma rede de caminhos-de-ferro a ser construída pelo Estado. Se o plano do Sr. Martin, baseado nos dois pilares do monopólio bancário e dos transportes, tivesse sido aprovado pelo Parlamento, o feudalismo financeiro teria sido morto desde o início. Mas os Rothschilds, através da imprensa que controlavam, encontraram uma forma de adquirir as vias férreas. Em 1840 as linhas ocidental e sul foram concedidas aos Rothschilds e aos Foulds.

(Os Foulds eram banqueiros internacionais estrategicamente colocados em França para executar as encomendas dos Rothschilds). Em 1845, todas as grandes linhas eram propriedade destas duas empresas. Um dos jornalistas mais incisivos sobre os Rothschilds foi John Reeves que escreveu o livro *The Rothschilds - The Financial Rulers of Nations*. Os comentários seguintes do livro mostram como Reeves foi incisivo ao perfurar a cortina de mistério em torno dos Rothschilds, cujas observações sobre Nathan Rothschild são talvez inigualáveis:

> O montante da fortuna que deixou para trás permaneceu sempre um segredo. O negócio deveria ser gerido pelos quatro filhos em colaboração com os seus tios no estrangeiro. A cada uma das suas filhas deixou 500.000 dólares, que deveriam ser confiscados se casassem sem o consentimento da mãe e dos irmãos.

> Não houve legados para os seus empregados nem legados de caridade. ...a primeira vez que Nathan ajudou o governo inglês foi em 1819, quando contraiu o empréstimo de 60 milhões de dólares. De 1818 a 1832, Nathan emitiu oito empréstimos no valor de $105.400.000.

Com a Espanha, ou os estados sul-americanos que em tempos reconheceram a bandeira espanhola, nunca teria nada a fazer. A explicação de alguns historiadores é que isto se deveu à Inquisição Espanhola. Uma das causas do seu sucesso foi a política tortuosa com que ele enganou aqueles que o observaram.

Em 1831, Nathan Mayer tomou o controlo das minas de mercúrio em Idria, Áustria, e ao mesmo tempo das minas semelhantes em Almadena, Espanha. Assim, todo o mercúrio, indispensável como medicamento, estava nas suas mãos, e ele duplicou e triplicou o preço. Isto teve consequências terríveis para os doentes e o sofrimento de todas as nações.

Outro repórter preciso dos Rothschilds é o Sr. Martin cujo livro *Stories of Banks and Bankers* dá alguns factos interessantes. Nathan nunca pagou aos seus empregados um cêntimo a mais do que o necessário para a sua vida, ou pelo menos não um cêntimo a mais do que o obrigaram a pagar.

Ao escrever sobre Lionel Rothschild, Reeves fez os seguintes comentários no seu livro, páginas 205-207:

> Lionel concentrou os seus pensamentos exclusivamente na consolidação da sua imensa fortuna. Grande prudência marcou os seus compromissos. Lionel foi particularmente activo na negociação de empréstimos estrangeiros, uma vez que esta actividade lucrativa e relativamente livre de riscos era a que ele preferia a todas as outras. Durante a sua vida, a sua empresa esteve interessada na emissão de nada menos que dezoito títulos do Estado, num total de setecentos milhões de dólares. Entrar nos detalhes destas transacções seria como traçar a história financeira da Europa.

Para compreender como prosperaram os Rothschilds, particularmente na sua área particular de especialização, nomeadamente o empréstimo de dinheiro a governos na Europa e em todo o mundo, examinei a obra de John Reeves, cujo livro citamos frequentemente e ao qual continuaremos a referir-nos no resto deste livro, bem como as fontes contidas nos documentos do Museu Britânico.

CAPÍTULO 9

Um aspecto muito negligenciado da escravatura negra na América

Antes de abordar o aspecto do empréstimo de dinheiro bem sucedido na América, tal como praticado pelos Rothschilds, abordarei a questão da escravatura que surgiu nos últimos anos. Alguns dizem que os descendentes de negros deveriam ser compensados pelas dificuldades sofridas pelos seus antepassados.

Esta é uma questão importante dado que os Rothschilds usaram a escravatura como pretexto para fomentar a Guerra Civil Americana. Diz-se que a ideia veio de Benjamin Disraeli, Lionel e James, que se sentaram para jantar após o casamento da filha de Lionel, para o qual todos os Rothschilds se tinham reunido em Londres. Segundo o Conde Cherep-Spiridovich:

... Os Rothschilds planearam e provocaram deliberadamente a Guerra Civil Americana.

Embora existissem conflitos desde 1812 entre o Sul e o Norte, a guerra poderia nunca ter acontecido sem a mão escondida dos Rothschilds.

Ao manipular e inflamar paixões, o conflito tornou-se um motivo de guerra, embora o Sul tenha começado a perceber que a escravatura não era economicamente vantajosa.

A escravatura nunca deveria ter sido permitida nos Estados Unidos, mas infelizmente foi. Existem diferentes tipos de escravatura. Na Europa, os pobres viviam na escravidão da pobreza abjecta e na degradação da sua condição. Em Inglaterra e na Irlanda foi muito a mesma história. Os pobres viviam em condições terríveis. Os seus filhos foram recrutados para servir nas forças armadas e milhões perderam as suas vidas.

Os generais britânicos, particularmente Lord Douglas Haig, eram notórios pela sua falta de preocupação com as pesadas perdas que sofreram. Na Irlanda, milhões de pessoas morreram à fome. Embora a escravatura devesse ter sido universalmente condenada, foi contudo tolerada na América, mas comparativamente falando, as classes mais pobres na Europa, Irlanda e Inglaterra sofreram tanto como os escravos na América.

Ocasionalmente perguntava-se se os escravos da América estariam dispostos a mudar a sua condição com a dos escravos da Irlanda e da Inglaterra. Mas a mão escondida dos Quakers e dos "abolicionistas" continuou a bater o tambor da calúnia contra o Sul até que os demónios, que tinham inventado toda a questão da escravatura para a fazer explodir, conseguiram o seu caminho.

Os escravos negros na América não estavam geralmente sujeitos a condições tão terríveis. Assim, quando examinamos as descrições por vezes exageradas da escravatura na América, tal como escritas, pregadas e expostas por abolicionistas e Quakers, temos de admitir, se formos imparciais, que comparativamente falando, os escravos negros americanos foram muito melhor tratados do que os pobres na Europa e na Grã-Bretanha:

> ᵉNo início do século XIX, a Grã-Bretanha, devido aos falsos princípios do governo, à cultura ignorante e cega do comércio e da indústria, teve o aparecimento de um Estado empurrado para os extremos mais opostos e contraditórios.

> Gabando-se da constituição mais livre da Europa, a Inglaterra ainda escondeu a maior tirania; possuindo riqueza ilimitada, deixou ainda os pobres camponeses da Irlanda à fome, enquanto as privações e angústias entre as classes trabalhadoras eram tão grandes e indescritíveis que ameaçavam acabar em tumulto e rebelião.

> As dificuldades sofridas pelas classes mais pobres foram agravadas pelo estado vergonhoso do nosso sistema político. A moralidade era baixa, a corrupção e a intriga eram a ordem do

dia. Os pensamentos de todos foram voltados para o esquecimento total do sofrimento dos outros.

A corrupção era tão generalizada que a independência da Coroa e dos círculos eleitorais foi ameaçada. (Sir William Molesworth)

Em 1797, os bancos ingleses viram-se profundamente embaraçados, principalmente devido às exigências do governo, que pedia milhões todos os anos emprestados para a guerra e para apoiar através de subsídios metade das potências continentais. (John Reeves, *The Rothschilds*, página 162)

Parece que nem mesmo os Rothschilds conseguiram acreditar na sua boa sorte. A personagem, 'Sidonia', criada por Disraeli no seu romance *Coningsby* e que na realidade se baseava em Nathan Rothschild disse:

Pode algo ser mais absurdo do que uma nação olhar para um indivíduo para manter o seu crédito, e com o seu crédito, a sua existência como um império? (Página 248)

Esta frase descreve com muita precisão os banqueiros Rothschild e o seu domínio sobre o governo britânico através de grandes empréstimos.

Não admira que o Presidente Garfield tenha dito uma vez: Aquele que controla o dinheiro, controla esta nação. A descendência dos Rothschilds deu continuidade a esta tradição. Por exemplo, Lionel Rothschild financiou o projecto do governo britânico para o Canal de Suez. É mais do que provável que sem o apoio financeiro de Lionel, o Canal de Suez poderia não ter sido escavado.

Foi Lionel Rothschild quem pagou os 20 milhões de dólares que o governo britânico pagou pela terra comprada ao Khedive. Mas como em todos os seus empreendimentos, Lionel exigiu e obteve um alto rendimento, £500.000 por alguns endossos que demoraram apenas algumas horas do seu tempo.

Muito antes, Mayer Amschel sentiu que seria vantajoso para os Rothschilds enviar o seu filho Nathan para Inglaterra, onde se estabeleceu em Manchester. De acordo com Sir Thomas Buxton, a razão pela qual Amschel escolheu enviar Nathan para viver em

Manchester já foi parcialmente explicada neste livro. Muitos fabricantes ingleses enviaram um homem a Frankfurt em 1789 para oferecer as suas mercadorias. O truque do Rothschilds foi mantê-lo por muito tempo e depois dar-lhe a maior encomenda para a Alemanha.

Entretanto, Nathan foi enviado para Manchester, onde comprou todo o algodão e corantes disponíveis. Quando o representante regressou a Manchester com encomendas, os fabricantes tiveram de ir ter com Nathan para obter estes materiais e ele cobrou-lhes o triplo do preço e até se recusou a vender a mercadoria, forçando-os a pagar "danos" enormes ao seu pai. Depois levaria o algodão e os corantes aos fabricantes que os fabricariam para ele ao preço mais baixo. Este truque básico arruinou muitas pessoas em Manchester.

Esta pilhagem ultrajou toda a Manchester. Nathan, assustado, fugiu para Londres, onde a Bolsa de Londres ofereceu um campo mais vasto para as suas capacidades de exploração. Nos últimos anos, nenhum dos membros da Bolsa pôde gabar-se, como Nathan, de ter multiplicado o seu capital por 2.500 no espaço de cinco anos. (John Reeves, *The Rothschilds*, página 167)

Outra razão pela qual Nathan foi subitamente a Londres é dada nos documentos mencionados no Museu Britânico:

> A razão é também que William IX de Hesse-Cassel (1785-1821) foi persuadido por Amschel a transferir os seus negócios em Londres do banco de van Notten para as mãos de Nathan. Claro que, "acidentalmente" um bando inteiro de Illuminati de Frankfurt acompanhou Nathan a Londres para tentar fazer o mesmo, mas os britânicos foram demasiado espertos para se deixarem enganar.

> Quando a França invadiu a Alemanha, William IX [agora o Eleitor] deu a Amschel 3.000.000 dólares, que ele enviou a Nathan em Londres para evitar que este caísse nas mãos de Napoleão. Nessa altura, a India Company tinha 4.000.000 dólares em ouro. Nathan comprou-o e aumentou o preço. Encurralou o ouro em Londres. Este acordo continuou e ainda hoje N.M. Rothschild fixa o preço do ouro diariamente todas as

manhãs, e a "fixação" Rothschild é aceite como o preço "oficial" do ouro em todo o mundo. [2]

Ele [Nathan] sabia que o Duque de Wellington precisava dele. Nathan também comprou as notas do Duque com um forte desconto. O governo pediu a Nathan que lhes emprestasse o seu ouro e ele transferiu-o para Portugal. Nathan emprestou o seu ouro e este foi-lhe devolvido, mas exigiu as notas do Duque de volta pelo seu valor total. Isto valeu-lhe 50%. Depois voltou a emprestar o seu ouro a 15% e recebeu-o de volta e transportou-o para Portugal numa enorme comissão.

O Duque precisava deste ouro para pagar aos armadores do seu exército que eram todos judeus portugueses, espanhóis e holandeses . Assim, nem uma única libra de ouro foi recebida por Wellington, apenas encomendas aos agentes de Nathan em Portugal, que foram pagas por Rothschild em Frankfurt. Esta operação rendeu 100% para Nathan. Assim, os Rothschilds obtiveram lucros colossais com o dinheiro do Landgrave, mantendo-o todo para si (Maria O'Grady e John Reeves)

Como disse anteriormente, os descendentes de Mayer Amschel tornaram-se os homens mais poderosos do mundo. O exemplo, talvez mais do que qualquer outro, que marca a verdade desta observação é a história de como James Rothschild derrotou Nicholas I da Rússia. Voltou-se para o revolucionário russo, Hertzen:

O famoso autor, Alexander Hertzen, um dos pioneiros (fomentadores) do movimento revolucionário russo, foi forçado a deixar o país. (De facto, foi forçado a fugir da Rússia apenas horas antes da polícia). Chegou a Londres, onde fundou um jornal russo chamado *The Bell*. Hertzen, contudo, era um homem rico que, antes de ir para o exílio, tinha convertido os seus bens em títulos do Estado. O governo russo conhecia os números das obrigações de Hertzen, e quando estas foram apresentadas para pagamento na chegada do exilado a Londres, Nicholas I, na

---

[2] Os Rothschilds têm-se retirado da fixação diária desde 2004.

esperança de esmagar o seu inimigo, ordenou ao banco governamental em São Petersburgo que recusasse o pagamento. O Banco cumpriu naturalmente. Mas felizmente para Hertzen, encontrou um importante apoiante no mais velho Rothschild. Este último informou o Czar que, como as obrigações de Hertzen eram tão boas como quaisquer outras obrigações russas, foi relutantemente forçado a concluir que o governo russo estava em situação de insolvência.

Se as obrigações não fossem pagas imediatamente, ele declararia a falência do czar em todos os mercados monetários europeus. Nicholas foi derrotado. Ele pôs o seu orgulho no bolso e pagou os títulos. O próprio Hertzen conta a história em *The Bell* sob o título "King Rothschild and Emperor Nicholas I ". (*The Fortnightly Review*, do Dr. A.S. Rappaport, página 655)

Estas histórias mostram como a lenda de que Amschel Rothschild ganhou o seu dinheiro como prestamista de penhores está a desmoronar-se perante a realidade, mas o mito persiste de que a prestamista foi a fonte da riqueza de Rothschild. Pode-se agora argumentar que esta alegação tem pouca ou nenhuma substância.

Ao referir-se a Lionel sob o nome fictício de 'Sidonia', Disraeli deu muitas pistas sobre a verdadeira personalidade do seu mestre:

"Era impossível penetrá-la. A sua franqueza foi estritamente limitada à superfície. Observou tudo, embora com demasiada cautela, mas evitou discussões sérias. Ele era um homem sem afeto".

De acordo com John Reeves:

... Os irmãos Rothschild, plenamente conscientes das suas capacidades intelectuais superiores, reconheceram prontamente Nathan Mayer como o mais adequado para dirigir todas as suas transacções importantes. (*The Rothschilds*, página 64)

Entre os muitos factos interessantes que descobri no Museu Britânico em Londres, um dos mais interessantes é a história dos fundadores do que viria a ser uma das maiores máquinas de propaganda que o mundo alguma vez conheceu. Refiro-me ao Tavistock Institute for Human Relations, que se tornou o principal grupo de reflexão para a lavagem ao cérebro da elite governante britânica. O Tavistock Institute cresceu e tornou-se uma enorme organização, que agora domina os Estados Unidos e a Grã-Bretanha. Esta vasta organização teve início em 1914 na Wellington House, Londres, na deflagração da Primeira Guerra Mundial.

Organizar uma máquina de propaganda que persuadisse um povo britânico relutante a ver a guerra com a Alemanha como necessária para a sobrevivência do modo de vida britânico não era tarefa fácil, pois na altura a maioria do povo não queria a guerra com a Alemanha e opunha-se fortemente a ela. Lord Northcliffe e Lord Rothmere estavam a cargo da empresa de propaganda. Na realidade, ambos os homens estavam directamente relacionados com os Rothschilds pelo casamento.

Uma das três filhas de Nathan Rothschild II era Charlotte, nascida em 1807, que casou com o seu primo Anselm Salomon, filho de Salomon, o segundo filho de Amschel e Caroline Stern, dos Padrões de Frankfurt. Os Sterns estavam directamente relacionados com os Harmsworths de Inglaterra, um dos quais se tornou "Lord Northcliffe" e o outro "Lord Rothmere".

Para mais detalhes sobre o Instituto Tavistock, leia: *The Tavistock Institute of Human Relations*.

Jacob (James) Rothschild foi sem dúvida o homem mais importante em França, tendo dado a muitos políticos e líderes franceses o seu pé na porta. Tinha percorrido um longo caminho desde o rapaz de treze anos que mal tinha ido à escola, acompanhando o seu pai Mayer Amschel nas muitas viagens que fez pela Alemanha.

Aí é exposto às restrições impostas aos judeus que atravessam as fronteiras dos principados, sendo obrigados a pagar um Liebzoll, um imposto sobre a cabeça, de cada vez. James sempre quis deixar Frankfurt e seguir o seu irmão Nathan até Londres, mas em vez disso Amschel enviou-o para Paris. Partiu de Frankfurt para Paris em Março de 1811. A sua chegada a Paris não passou despercebida pelo Ministro das Finanças Mollien que o denunciou a Napoleão:

> Um homem de Frankfurt que está agora em Paris e que se intitula Rotschild (sic) está principalmente empenhado em trazer guinéus da costa inglesa para Dunquerque.

François-Nicholas Comte Mollien foi o principal conselheiro de Napoleão, servindo como Ministro das Finanças de 1806 a 1814.

A chegada de James deve ter sido um acontecimento significativo para Napoleão, que não poderia ter sabido o papel importante que James Rothschild teria na sua queda. É claro que os Rothschilds não estavam apenas envolvidos no contrabando, embora este fosse um negócio generalizado e lucrativo para eles. Quando o britânico bloqueou a França, Mayer Amschel viu uma oportunidade rara de fazer fortuna, e fê-lo, em ouro.

> Aos vinte e dois anos, James era um jovem pouco atraente com uma maneira quase servil. Alguns dos seus contemporâneos não eram tão amáveis. Castellane, que, com Mirabeau e Clément-Tonnerrre, formou a alta nobreza de Paris, encontrou James assustadoramente feio, embora ele fosse o Adónis dos Rothschilds. (*Barão James*, Anka Muhlstein, página 61)

Outros eram ainda mais severos:

> Uma cara monstruosa, a mais plana, a mais achatada, a mais assustadora das faces batráquicas com olhos ensanguentados, pálpebras inchadas, e uma boca babada como um mealheiro, uma espécie de sátira dourada, ou seja, Rothschild. (Goncourts, *Journal* Paris 1854 Vol. Ill, 7)

James partiu para Paris em 1814 quando requereu ao Tribunal de Comércio para registar a sua casa bancária.

Anteriormente, tinha actuado apenas como representante da "sede" de Frankfurt. Isto não alterou a forte ligação entre ele, Londres e Frankfurt, mas antes formalizou-a e deu-lhe um estatuto mais proeminente em Paris. Actualmente, dedica-se à cobrança de impostos para o Tesouro francês e ao empréstimo de dinheiro em grande escala.

Quando a sorte do Rei mudou, e através da Restauração (os 100 dias de Napoleão), independentemente de quem estava ao leme dos assuntos, todos estavam em dívida para com James Rothschild.

Ele parecia ser capaz de mudar de lado sem perder uma onça de rosto ou de influência.

A morte de Napoleão em Waterloo, orquestrada pelo seu irmão Nathan de Londres, resultou numa relação altamente lucrativa com o Rei Luís, cujo regresso ao poder foi possível graças aos Rothschilds que emprestaram o capital necessário. O enfraquecimento de Napoleão e do seu governo foi obra dos Rothschilds, que agora beneficiaram da recompensa trazida pela Restauração.

A antipatia de Napoleão pelos judeus mal escondida contribuiu para a sua ruína. Os Rothschilds tinham vivido com medo de Napoleão depois de ele se recusar a atacar reis cristãos e nações. Com a paz restaurada, os empréstimos bancários tornaram-se a maior e melhor oportunidade de fazer dinheiro, e os Rothschilds exploraram-na ao máximo.

CAPÍTULO 10

Nathan Rothschild equilibra a dívida francesa

O governo francês teve de pagar as suas indemnizações de guerra e, para o fazer, teve de pedir dinheiro emprestado. Ao emprestar a Luís XVIII o dinheiro necessário para um regresso triunfante mas digno, Nathan Rothschild garantiu um "lugar ao sol" para James. Diz-se que a soma de dinheiro é de 5 milhões de francos.

Fiel aos ensinamentos do velho Mayer Amschel, Nathan não fez nada sem algo. O seu plano de jogo para o empréstimo era forçar o rei a abrir as portas a Jacques para entrar nos escalões superiores da sociedade, liderado pelo Duque de Richelieu, Primeiro-Ministro de Paris.

No início Richelieu resistiu, mas não tinha ideia da persistência de Nathan. O Marquês de Osmond, embaixador francês em Londres, e o Conde Esterhazy, embaixador austríaco, ambos fortemente endividados a Nathan, exerceram uma forte pressão sobre ele. Finalmente, embora extremamente irritado por estas pressões indecorosas, de Richelieu concordou em receber James. As coisas não pararam por aí.

Depois James colocou o chefe da polícia Decazes no seu bolso com "informação especial", que veio da família alemã von Thurn e Taxis, que tinha o contrato de correio. Simplesmente abririam o correio de interesse aos Rothschilds e depois transmitiriam o conteúdo a James em Paris, Nathan em Londres ou Mayer em Frankfurt. É interessante notar que a família von Turn e Taxis fez parte do Comité de 300. Houve uma dupla vantagem em dar a informação assim obtida a Decazes e não a de Richelieu a quem ela deveria ter ido. Em troca, Decazes manteve James informado de quaisquer movimentos anti-judaicos ou intrigas políticas dirigidas contra o seu banco.

À medida que o seu círculo de pessoas importantes crescia, Jacques decidiu que precisava de uma casa mais adequada ao seu estatuto, uma casa onde pudesse entreter-se no estilo luxuoso que se esperava dele. Encontrou tal casa numa antiga mansão da Rainha Hortense na Rue La Fitte, que tinha pertencido a um banqueiro parisiense chamado Laborde, vítima da guilhotina em 1794. Hortense, a filha da imperatriz Josefina, tinha-se tornado rainha da Holanda após ter casado com o irmão de Napoleão, Luís.

Custou a James uma fortuna ter a casa remodelada e renovada; por algumas contas, as contas ascendiam a mais de três milhões de francos. Quando foi concluída em 1834, tornou-se a conversa da cidade.

Heinrich Heine, o filósofo comunista judeu alemão, o Duque de Orleães e o Príncipe Leopoldo de Coburgo foram convidados frequentes nas festas cintilantes de James.

Quando o príncipe Metternich e a sua comitiva, incluindo o brilhante prussiano Friedrich von Gentz, que tinha a confiança do grande homem, veio a Paris, James deu uma festa que rivalizou com qualquer coisa vista em Paris desde o regresso do rei. Mesmo o poderoso Duque de Wellington não ousou recusar um convite de James quando ele visitou Paris.

James apadrinhou von Gentz e jogou com a sua fraqueza pelas mulheres, muitas mulheres, fornecendo a von Gentz o dinheiro de que precisava através de 'termos fáceis', como dizemos hoje. Von Gentz conseguiu todas as mulheres com que podia lidar, bem como muitos outros luxos que até então não tinha podido pagar. Foi assim que James se tornou o "dono" de von Gentz.

O palácio de Tiago tornou-se um íman para todos os tipos de políticos, especialmente para os comunistas e socialistas de mente aberta . Um deles, Ludwig Borne, é um forte apoiante da ideia de que todos os reis da Europa deveriam ser destronados e substituídos por James, excepto Louis Philippe que seria coroado em Paris, para que a cerimónia de coroação fosse conduzida, não pelo Papa, mas por James Rothschild. (*Notre Dame de la Bourse*, 22 de Janeiro de 1832)

Como mencionado anteriormente, um dos indivíduos patrocinados por James Rothschild foi Heinrich Heine, o poeta alemão que tinha abandonado a sua pátria e mudado para Paris, quer para estar perto de Rothschild, quer por razões políticas, não é certo. Heine era um comunista declarado e estava mais do que provavelmente na lista de subversivos da polícia alemã, o que poderia ser uma das razões que o levou a mudar-se para Paris. Rothschild ajudou a Heine de inúmeras formas, nomeadamente financeiras. Heine percebeu James como um revolucionário e elogiou-o por ser "um dos primeiros a perceber o valor do Crémieux...". Herr von Rothschild foi a única pessoa a descobrir Émile Pereire, o Pontifex Maximus dos caminhos-de-ferro (Olivia Maria O'Grady)

Isto não é inteiramente verdade, como descobri ao examinar o ângulo de lucro que levou James a investir na nova moda. Pereira era um jovem judeu sefárdico empregado por James para supervisionar o trabalho quotidiano de construção. Em tudo isto, James e Nathan não se afastaram muito dos truques do ofício que lhes foi ensinado por Mayer Amschel, a saber, nunca perder de vista o objectivo de que o dinheiro é tudo.

Um contrato em particular, um dos muitos que James e Nathan foram oferecidos, foi como agentes oficiais para fazer pagamentos às tropas austríacas estacionadas em Colmar, na Alsácia. Os Rothschilds ganharam o contrato ao subvencionar todos os concorrentes . O negócio era arriscado, pois envolvia o transporte de moedas através de zonas infestadas de bandidos, o que exigia um seguro dispendioso. Em vez de transportar moeda física, James providenciou que os créditos Rothschild fossem colocados em bancos locais e que os soldados fossem pagos com eles. Tendo eliminado o risco, James e Nathan conseguiram embolsar comissões substanciais.

Esta tornou-se a base para novos negócios, com a transferência de fundos através do continente e para Londres a ser feita agora desta forma, e os Rothschilds detinham o monopólio da mesma. A fim de dar aos leitores um vislumbre do imenso poder exercido por James, relaciono o seguinte caso, que se tornou uma das suas famosas causas e mostrou até onde o seu braço forte podia alcançar. Um certo padre, Padre Tomás, e o seu criado desapareceram em Damasco em Abril de 1840. Suspeitou-se de homicídio e os suspeitos, que por acaso eram judeus, foram presos, após o que confessaram o homicídio.

O mundo judeu protestou imediatamente e veementemente que os judeus presos eram inocentes e que as suas confissões tinham sido obtidas sob tortura. James e Salomão exerceram imediatamente a sua pressão combinada sobre o monarca e Salomão exortou o Príncipe Metternich da Áustria a agir.

O cônsul austríaco von Laurin protestou junto de Mohammed Ali, informando directamente James e Salomon sobre as medidas tomadas. O cônsul francês em Damasco, porém, estando no local, teve uma visão bastante diferente do assassinato e do acusado; sendo a implicação política óbvia, Louis Philippe não ousou arriscar um apoio judeu injustificado contra os cristãos. A carta de James a Salomão é de considerável importância. Revela claramente os métodos de bastidores utilizados por os Rothschilds para pressionar os governos e moldar a opinião pública:

Infelizmente, os meus esforços ainda não produziram os resultados desejados. O governo está a agir muito lentamente nesta matéria; apesar da louvável acção do cônsul austríaco, porque o assunto é demasiado remoto para que o interesse público seja suficientemente despertado. Tudo o que consegui fazer até agora foi, como afirma o *Moniteur* de hoje, conseguir que o Vice-Cônsul de Alexandria investigasse a conduta do Cônsul de Damasco.

Esta é apenas uma medida temporária, uma vez que o Vice-Cônsul está sob as ordens do Cônsul, pelo que não tem autoridade para pedir contas ao Cônsul. Em tais circunstâncias, o único meio que nos resta é o método todo-poderoso de pedir ajuda aos jornais, e por isso enviámos hoje um relato detalhado baseado nos relatórios do Cônsul austríaco aos *Debates* e a outros jornais, e também providenciámos para que este relato apareça com igual detalhe no *Algemene Zeifung* de Augsburg.

Teríamos certamente publicado as cartas que Herr von Laurin me dirigiu sobre este assunto, se não tivéssemos considerado que isso só poderia ser feito com a autorização prévia de Sua Alteza o Príncipe von Metternich.

Portanto, meu caro irmão, convencido como estou de que fará tudo o que puder por esta causa justa, peço-lhe que peça ao Príncipe, na sua bondade, que permita a publicação destas cartas. Os graciosos sentimentos de humanidade que o Príncipe expressou em relação a este triste episódio permitem-nos esperar com confiança que este pedido não será recusado.

Quando tiver recebido a permissão desejada, peço-lhe, meu caro Salomão, que não publique imediatamente a carta apenas no *Osterreicher Beobachter*, mas que tenha a gentileza de os enviar imediatamente com uma breve carta de acompanhamento ao *Augsburger Zeitung*, para que também possam chegar ao público por este meio. (*A história não contada*, Conde Cherep-Spiridovich)

Alguns dos importantes estadistas que os Rothschilds tinham sob o seu controlo começaram a preocupar-se com o seu poder e influência.

Um deles era o Príncipe Metternich, que estava sob o firme controlo de Salomon Rothschild e era considerado por ele como nada mais do que um "camareiro" da família Rothschild. Tendo trocado grande parte da soberania da Áustria, Metternich começou a ter sérias dúvidas:

Devido a causas naturais que não posso considerar boas ou morais, a Casa de Rothschild exerce uma influência muito maior nos assuntos franceses do que o Ministério dos Negócios Estrangeiros de qualquer país, excepto talvez a Inglaterra. A grande força motriz é o seu dinheiro. As pessoas que esperam a filantropia e que devem suprimir todas as críticas sob o peso do ouro precisam muito dela. O facto da corrupção é tratado abertamente, esse elemento prático, no sentido mais completo da palavra, no sistema representativo moderno.

Metternich percebeu demasiado tarde que ao vender a Áustria estava a jogar nas mãos dos revolucionários internacionais, e quando os incêndios revolucionários começaram a arder, apesar da sua alta patente e posição, o príncipe Metternich teve de fugir de Viena com dinheiro emprestado de Salomon Rothschild.

Os historiadores duvidam que Metternich alguma vez tenha tido alguma ideia das forças revolucionárias que, involuntariamente, tinha ajudado a desencadear. De acordo com os documentos do Museu Britânico, a revolução mundial passou a uma velocidade alta em 1848, começando na Sicília em Janeiro desse ano.

> As grandes cidades da Europa pareciam ser abaladas por ondas de excitação. A desordem alastrou-se a Nápoles. Em Paris, a bandeira vermelha foi desfraldada nas barricadas. Os revolucionários socialistas lideraram trabalhadores e estudantes numa revolta sangrenta em 22 de Fevereiro de 1848, e Guizot demitiu-se (Olivia Maria O'Grady)

Diz-se que James Rothschild sobrestima o Rei Louis Phillipe, pensando que é simpático às ideias revolucionárias.

Segundo o Professor William Langer, Coolidge Professor de História na Universidade de Harvard... Os republicanos e outros radicais tinham aceite Louis Philippe como um monarca revolucionário apenas para descobrirem o seu erro demasiado tarde.

Isto é surpreendente, pois James Rothschild foi dito ser um juiz de carácter muito astuto, capaz de ler a cena política como um roteiro. Não podemos dizer com certeza, mas o Marechal Soult, um amigo íntimo de Nathan Rothschild, formou um ministério com o Duc de Broglie, Thiers e Guizot, estando estes dois últimos homens num lado particularmente conservador da política, pelo que pode haver uma ligação.

Em 1830, as exigências dos trabalhadores inspiradas por Marx e pela sua Internacional Socialista surgiram em Itália e na Polónia, as quais não foram satisfeitas pelos seus governos. A agitação e violência radicais continuaram em França em 1831:

> Em Novembro de 1831, uma insurreição de trabalhadores em grande escala em Lião foi dificultada. As sociedades secretas espalham-se rapidamente. Sob a liberdade de imprensa, o rei foi

impiedosamente atacado e caricaturado em jornais radicais, nomeadamente por Honoré Daumier. Em 1834, houve grandes revoltas em Paris e Lyon, que foram reprimidas com grande severidade. Em 1845, o radical Fieschi tentou assassinar Louis Philippe, mas a tentativa foi infrutífera. Posteriormente, em 1836, o rei estabeleceu um governo chefiado pelo seu amigo pessoal, o Coronel Louis Mole, com o líder de centro-direita, Guizot; mas este último aliou-se ao partido de centro-esquerda e derrubou Mole. (*The Untold History*, John Reeves)

Para continuar com *The Untold History* :

Actividades revolucionárias anteriores a 1848 tinham enviado homens como Karl Marx e Frederick Engels, Louis Napoleon Bonaparte para o exílio no continente. A Inglaterra tinha sido o seu refúgio. Em 1848, tinham regressado ao continente para participar nas revoluções. A 24 de Fevereiro de 1848, a Carta, a Constituição e o regime parlamentar pareciam ter chegado a um fim abrupto.

Em toda Paris não vi um único membro da milícia, um único soldado, um único gendarme, um único membro da polícia. Entretanto, o puro terror tomou conta de todas as classes altas. Não acredito que em momento algum durante a Revolução (1789-94) tenha sido tão grande. (Victor Hugo, *Escolhe votos*, página 268)

James ficou alguns dias e foi visto por Feydeau, um dos membros da Guarda Nacional:

Por volta do meio-dia vi dois cavalheiros, de braço dado, a sair calmamente da Rue de la Paix e a dirigir-se para as Tuileries. Reconheci um deles como Barão de Rothschild. Aproximei-me rapidamente dele. "Monsieur le Baron", disse eu, "parece que não escolheu um dia muito bom para um passeio. Acho melhor ir para casa do que expor-se a balas que chocam em todas as direcções. "

Mas o Barão assegura-lhe que ele está a salvo e que é necessário no Ministério das Finanças. Louis Napoleon deveria tornar-se, primeiro, Presidente de França, depois Imperador; Marx e Engels ajudaram a fundar a Liga Comunista, depois, com o fracasso das revoluções, regressou a Inglaterra, enquanto outros, incluindo Joseph Wedermeyer, emigraram para os EUA...

(Olivia Maria O'Grady)

Após a batalha de Sedan e a captura de Napoleão III pelos Prussianos (Setembro de 1870), Paris, acreditando ser o coração, cérebro e outros órgãos da nação francesa, e o resto da França ser um apêndice atrasado, primitivo, quase se poderia dizer bárbaro, passou por uma série de revoluções (em nome da França) que culminaram na Comuna de Paris de 1871, que só serviu para deixar a nação prostrada perante o inimigo e expô-la ao seu desprezo. Citação do Professor Langer:

> Entre 1840 e 1847, Guizot tornou-se a figura dominante. Guizot tornou-se Primeiro-Ministro em 1847 e permaneceu no poder até 1848, quando se demitiu. A agitação nas ruas levou à Revolução de Fevereiro.

Continuando o relato dos acontecimentos de 1848, *com* base nos documentos e documentos do Museu Britânico e *L'Alliance France-Allemande* e *Les Forces titaniques, The Rothschilds* de John Reeves e as histórias de Olivia Maria O'Grady :

> Em Paris, a bandeira vermelha foi afixada nas barricadas. Os revolucionários marxistas levaram os trabalhadores e estudantes a uma revolta sangrenta a 22 de Fevereiro de 1848 e Guizot demitiu-se. As tropas atacaram os revolucionários nas barricadas, enviando a população para um frenesim. No dia 24, a Guarda Nacional e os regimentos da linha caíram nas mãos dos rebeldes. Louis Philippe, com setenta e quatro anos de idade, fugiu do país.
>
> Marx e Engels estão prontos para se encarregarem pessoalmente da revolução... Marx recebe plenos poderes revolucionários.... Lamartine e Arago pedem ao banqueiro judeu Michael Goudchaux que aceite a carteira financeira revolucionária. O banqueiro aceita. Caussidière, o prefeito das barricadas, pede um empréstimo a James Rothschild para pagar aos seus ajudantes revolucionários. James cumpre alegremente (páginas 218-219).

Depois de descrever como Marx e Engels assumiram o controlo das várias facções revolucionárias e a organização da revolta na Alemanha, O'Grady escreve:

> No início de Abril, Marx e Engels deixaram Paris para a Alemanha, onde as chamas da revolução os precederam. A Santa

Aliança tinha caído no fumo e nas chamas de Viena e o príncipe Metternich tinha fugido da cidade com dinheiro emprestado a Solomon Rothschild (Página 219).

James Rothschild deu a Ledru-Rollin setecentos e cinquenta mil francos para apoiar a revolução de 1848. Diz-se que foi forçado a fazê-lo pela ameaça de Rollin de incendiar o Palácio Rothschild na Rue Lafitte. Durante os três dias de luta de rua em Junho de 1848, Louis Eugène Cavalgnac saiu vitorioso. Assumiu imediatamente poderes ditatoriais e foi nomeado Presidente do Conselho de Ministros pela Assembleia Nacional. Usando grandes somas de dinheiro livremente, Rothschild tornou-se próximo do novo poder em França, e estava tão confortável com Cavalgnac como tinha estado com Louis Philippe. Logo se disse que ele era tão bom republicano como tinha sido monarquista.

O Partido Francês dos Trabalhadores reivindicou-o como um dos seus. O editor do radical *Tocsin des Travailleurs* escreveu:

O senhor é um prodígio! Apesar da sua maioria legal, Louis-Philippe caiu, Guizot desapareceu, a monarquia constitucional e os métodos parlamentares saíram pela janela; mas você, você não se move. Onde estão Aragão e Lamartine? Eles estão acabados, mas o senhor sobreviveu. Os príncipes banqueiros estão em liquidação e os seus escritórios estão fechados.

Os grandes capitães da indústria e das empresas ferroviárias estão a vacilar... você é o único entre estas ruínas que não é afectado.

Embora a vossa Câmara tenha sentido o primeiro choque de violência em Paris, embora os efeitos da Revolução vos tenham perseguido de Nápoles a Viena e Berlim, permaneceram imperturbados por um movimento que afectou toda a Europa. A riqueza desvanece-se, a glória é humilhada, o domínio é quebrado, mas o judeu, o Monarca do nosso tempo, manteve o seu trono.

A Comuna de Paris foi o primeiro governo comunista na Europa. Sobre os Rothschilds, O'Grady escreve:

O seu fabuloso controlo de quantidades ilimitadas de dinheiro derrubou todas as barreiras para os Rothschilds. O deslumbramento de grande riqueza aumentou o seu prestígio social em todo o lado. Os poderosos, grandes reis, príncipes e celebridades procuraram o seu favor.

Construíram palácios e entretiveram o "bom povo" com uma magnificência real que envergonhava os assuntos de estado dos monarcas. O mundo estava aos seus pés, e a causa dos judeus na Europa estava em plena expansão. Veremos mais tarde como foram fabulosas as suas fortunas.

CAPÍTULO 11

A França sobrevive à ofensiva comunista

Após este importante acontecimento, pesquisei artigos sobre a França nos anos seguintes para ver se o fio continuava e descobri que o tinha feito. Após o sucesso da Comuna de Paris, os comunistas tentaram novamente em 1871, após a assinatura da paz provisória de Versalhes com Bismarck. Em Setembro de 1870, o colapso de Napoleão III em Sedan foi um golpe que o Império Francês não sobreviveu.

A 4 de Setembro, os desordeiros tentaram de novo tomar Paris, como tinham feito anteriormente quando James Rothschild tinha financiado parcialmente a revolução, mas a 19 de Setembro os exércitos alemães que tinham derrotado os franceses em Sedan apressaram-se a entrar em Paris e tomaram a cidade.

Os comunistas não conseguiram sustentar a sua ofensiva e Paris tinha apenas oito dias de comida. Em 28 de Janeiro de 1871, Paris capitula para o exército alemão. As tropas francesas são desarmadas, as fortalezas são retomadas. Bismarck autoriza eleições e exige que sejam pagos cinco mil milhões de francos em compensação à Alemanha. De Março a Maio de 1871, a Guarda Nacional Comunista Marxista, que Bismarck não tinha desarmado, apreendeu 417 canhões e assassinou os generais Lecomte e Thomas.

O Internacional desempenhou um papel de liderança na Guarda Nacional através de Loeb, Cohen, Lazarus, Levi e, claro, Karl

Marx.[3] As tropas regulares foram forçadas a retirar-se e a deixar Paris nas mãos da Internacional Socialista Marxista. Apoiadas pelo exército alemão, as tropas francesas atacaram as barricadas de Paris e quebraram o porão dos comunistas. Mas entretanto, antes do assalto das tropas regulares francesas e alemãs quebrar o poder da multidão liderada pela Guarda Nacional rebelde, os comunistas levaram a cabo uma terrível represália. Sessenta e sete reféns inocentes foram massacrados no Forte de Vincennes.

O Arcebispo de Darboy foi baleado como um cão, tal como vários dos seus padres. Cidadãos proeminentes foram também sumariamente fuzilados. Isto aconteceu mesmo quando as tropas da Terceira República entraram na cidade.

A 20 de Maio de 1871, os comunistas deitaram gasolina em todos os bairros de Paris que sitiaram e incendiaram todos os edifícios públicos e a maioria dos bens privados, incluindo casas. Os Tuileries, o Ministério das Finanças, o Palais Royal, o Ministério da Justiça, o Hôtel de Ville e a sede da polícia foram incendiados e reduzidos a cinzas.

> Milagrosamente, a suntuosa Casa de Rothschild e os seus bens inestimáveis permaneceram intactos. Como sempre, a Casa de Rothschild emergiu dos perigos da guerra de 1870-1871 e da Comuna de Paris financeiramente incólume e ainda o mestre indiscutível da Europa. Mais uma vez, os Rothschilds mostraram que eram capazes de abandonar a sua lealdade à monarquia e de a conceder com igual devoção à Terceira República.

Alfonse Rothschild, claro, retirou-se para Versailles, e tomou um quarto no Hotel des Réservoirs onde viveu os combates, os saques e o terror da revolução.

As partes citadas são extraídas do trabalho de Olivia Maria O'Grady, o trabalho do Professor Langer e *The Untold Mystery* de John Reeves.

---

[3] Todos os judeus, claro, NDÉ.

O que deve ser notado é que enquanto os mais radicais dos amotinados ficaram para assassinar as suas infelizes vítimas, os seus líderes deixaram a cidade e foram para Inglaterra, Suíça e América Latina. A Comuna de Paris, tendo percorrido o seu curso, entrou em colapso num frenesim de sede de sangue. Parece não haver grandes dúvidas de que a enorme quantidade de dinheiro necessária para gerir a Comuna (durou apenas dois meses) teve de vir dos Rothschilds.

> Os líderes da Comuna gastaram 42 milhões de francos, uma quantia enorme para a época. Mesmo com o esbanjamento mais prolífico, é difícil ver como poderia ter gasto tanto como um terço dessa soma. Isto significa que cerca de 25 milhões de francos desapareceram nalguma direcção, provavelmente para a Suíça, e talvez na bagagem do director do Banque de France, ou melhor, do seu vice-governador, o Marquês de Poleis, que acompanhou Beslay até à Suíça quando este último foi dado salvo-conduto para deixar o país após a supressão da Comuna. (*The Untold History*, John Reeves) O sentimento geral na altura era que Beslay, que tinha sido nomeado para o Banco de França pela Comuna de Paris (por outras palavras, indirectamente pelos Rothschilds) tinha guardado o dinheiro para eles e que os Rothschilds tinham arranjado os condutores seguros.

Em qualquer caso, a Comuna de Paris trouxe opróbrio e vergonha ao povo francês e mergulhou o movimento socialista num estado de declínio. É interessante notar que o tratado de paz preliminar de Versalhes foi negociado em parte por Alfonso Rothschild, o filho de James Rothschild. Alfonso concluiu as negociações financeiras com Bismarck e concordou com o pagamento dos cinco mil milhões de francos necessários para as reparações.

Edouard Rothschild era o filho de Alfonso Rothschild, o filho mais velho de James Rothschild, que morreu a 26 de Maio de 1905, mas o porão da linha de sucessão sobre assuntos franceses continuou. Mais tarde veremos o papel desempenhado por Edward Rothschild e Lord Rothschild na "Declaração de Balfour" que levou à criação de um Estado sionista na Palestina, no qual, por acaso, Disraeli desempenhou um papel de liderança para os seus mestres, os Rothschilds. Há sempre pessoas nos bastidores, como qualquer estudante atencioso da história mundial sabe.

Que papel desempenhou Disraeli no estabelecimento de uma "pátria" para os judeus? No seu livro *Tancred*, Disraeli fala sobre "aqueles dias de justiça política em que Jerusalém pertencia aos judeus".

De Jerusalém, escreveu ele:

"Vi diante de mim uma cidade aparentemente bela".

e ao longo dos seus romances, *Alroy, Contari* e *Fleming*, escreveu sobre o seu amor por Jerusalém, sublinhando que se tratava de uma possessão judaica. Em Hughendon, a sua casa de campo, Disraeli contou a Stanley os seus

"planeia o regresso da Palestina aos judeus e a sua recolonização pelos judeus".

Que papel desempenhou Karl Marx na revolta comunista de Paris em 1871? De acordo com documentos do Museu Britânico confirmados por duas outras fontes:

Marx exultou, e embora a sua fama se tenha espalhado por todo o lado como o monstro que libertou os assassinos degoladores de Paris, ele pavoneara-se como um pavão perante os membros da Internacional em Londres. Lançou-se num elogio dos "heróis imortais das barricadas".

Quando a Comuna de Paris tomou a gestão da revolução nas suas próprias mãos, quando os trabalhadores comuns ousaram pela primeira vez invadir o governo de privilégio dos seus superiores culturais, o velho mundo escreveu em convulsões de raiva à vista da bandeira vermelha, o símbolo da república dos trabalhadores, sobrevoando a Câmara Municipal de Paris.

Uma das coisas que aprendemos com a Comuna de Paris é que ela desencantou a maioria do povo francês, mas os líderes que fugiram para Inglaterra e Suíça com a ajuda dos Maçons e dos Illuminati viram-na como um marco na ascensão do socialismo internacional na Alemanha, Espanha, Rússia e Itália. Karl Marx em Londres tornou-se o ponto focal do marxismo internacional, mas mesmo ao seu lado estavam Engels e os Rothschilds.

Em *The Untold History, é-nos* dito que os Rothschilds eram agentes dos Maçons em Frankfurt, dos quais o Landgrave de Hesse era o mestre, e cujas finanças os Rothschilds controlavam. Neste momento, valeria a pena fazer algumas observações sobre Bismarck, pois ele desempenhou um papel importante na formação do destino não só da Alemanha, mas de toda a Europa. Segundo o autor John Reeves no seu livro *The Rothschilds*, Bismarck era considerado um mero criado dos Rothschilds e era meio judeu.

Documentos do Museu Britânico sugerem que o pai natural de Bismarck foi o Marechal Soult, o homem realmente responsável pelo 'Waterloo' de Napoleão :

> "Isto não prova que o Marechal Soult era o seu verdadeiro pai e não o pacato senhorio prussiano, o pai oficial de Bismarck?"

> Após os Rothschilds terem esmagado Napoleão, precisavam de um novo governante e criaram um em Otto Bismarck. O seu pai, William, casou com Louise Menken [os Menkens eram judeus] - uma mulher de classe média de origem desconhecida. Ele levou-a para a sua casa de campo, que as tropas francesas de Napoleão logo invadiram, e num castelo próximo, o Marechal Soult estabeleceu o seu quartel-general.

> Louis tinha estado em perigo iminente de violação, o champanhe da Soult, os seus poderes de persuasão asiáticos seduziram o coração de Louis mais do que a cerveja e a mente pesada do seu marido alemão. Desde então, Soult tem mostrado extremo cuidado com a Sra. Bismarck-Menken e o seu filho, o futuro "Homem de Sangue e Ferro". Soult ocupou os mais altos cargos em França e traiu todos os governantes cristãos até à sua morte. Os seis anos que Bismarck passou no Instituto Palma, em Berlim, deixaram-lhe apenas memórias lamentáveis. (Cherep-Spiridovich, página 108 - *A mão oculta atribuída a J. Hoche*)

Na realidade, Louise Bismarck-Menken não era de origem desconhecida. Rastreei a sua ascendência até Haim Solomon, que terá dado toda a sua fortuna ao General George Washington para iniciar a Revolução Americana. O New York *Jewish Tribune* de 9 de Janeiro de 1925 também confirmou que Louise Menken era uma descendente de Haim Solomon.

Alguns estudiosos e historiadores disputam fortemente que o dinheiro que Salomão deu a Washington era seu, mas que veio dos Rothschilds, sendo Salomão o seu mero intermediário.

Apontam para o facto de que apesar de ter dado todo o seu dinheiro a Washington, Haim continuou a viver no luxo. A história de como Bismarck foi cooptado pelos Rothschilds pode ser reconstruída a partir das cartas de Lord Beaconsfield de Dezembro de 1812 e *Coningsby*'s :

> Lionel Rothschild levou frequentemente Disraeli a Paris onde foi apresentado a James Rothschild III. Foram visitados pelo Conde Arnim, o ministro prussiano. Através de Lionel, Disraeli tornou-se seu amigo. Soult era ministro no Gabinete francês e falava muito, talvez, do seu filho, ou do filho da sua amante, a antiga Menken-Bismarck. Assim, os Rothschilds decidiram apoderar-se do jovem Bismarck, que estava em necessidade, e que era pelo menos meio judeu, que já em 1839 é forçado a lutar contra a catástrofe que ameaça a sua propriedade. Mas os Rothschilds, Soult e Amim já o estavam a observar e todos tentavam usá-lo. Já em 1839, em Aachen, Bismarck tinha-se mostrado um rebelde, tal como Disraeli no seu poema "Blessings to the regicide's dagger". '

> Mas James exigiu que Bismarck e Disraeli demonstrassem "arquiconervadorismo", que teve de ser conquistado a fim de deslizar para a alta sociedade e ganhar poder. Como resultado, Disraeli e Bismarck abandonaram os hinos aos 'punhais do regicídio' e tornaram-se ultra-conservadores. Ambos receberam ordens para se tornarem "muito mundanos". Amim, o ministro prussiano e membro do Reichstag, casou com a amada irmã de Bismarck, Malvina, em 1844 e, segundo Disraeli, Bismarck caiu inteiramente sob a influência dos Rothschilds e Amim e a sua irmã.

Indirectamente, tomámos conhecimento da declaração de Walter Rathenau de que 300 homens governam o mundo (ver *A Hierarquia dos Conspiradores: O Comité dos 300*). Quarenta anos antes, Bismarck tinha indicado que concordava com a declaração de Rathenau: Disraeli repetiu-a, afirmando que

> "O mundo é dirigido por personagens muito diferentes daqueles que não estão nos bastidores imaginados.

Quarenta anos antes da declaração de Rathenau, Bismarck expressou o seu acordo com Rathenau e Disraeli (dos jornais *Coningsby* e Cherep-Spiridovich e do Museu Britânico)

Considerado um reaccionário, Bismarck tentou em 1847 apaziguar os conservadores pela sua violência simulada contra os liberais, seguindo o exemplo de Disraeli, e assim ganhou o favor do Rei da Prússia. Com muito esforço e malabarismo, os controladores de Bismarck conseguiram que ele se casasse com Johanna Puttkamer em 1847.

Puttkamer era uma mulher notável cuja capacidade para acalmar o seu terrível temperamento (provavelmente herdada de Soult), pois o seu pai oficial era um homem calmo, nunca propenso a explosões violentas, salvou a sua carreira, que de outra forma teria terminado abruptamente. Quando em 1849 a lista de novos membros do Gabinete foi proposta a Frederick William IV, ele desenhou uma linha grossa sobre o nome de Bismarck e escreveu:

> Reaccionário de cabeça vermelha. Ele adora o cheiro do sangue.

Em 1849, Bismarck foi eleito para a Segunda Câmara Prussiana com a ajuda de Arnim e Rothschild, e em 1851 frequentou a Dieta em Frankfurt am Main como deputado.

O Conde Arnim também apoiou Bismarck e desempenhou o seu papel ao recomendá-lo a Otto von Manteuffel, o ministro prussiano. O Professor Langer discute o contexto histórico da importância de von Manteuffel:

> A 16 de Maio de 1850, vários pequenos Estados e a Áustria reuniram-se em Frankfurt e reconstituíram a antiga Dieta da Confederação Alemã. Se a Prússia insistisse nesta união, a guerra com a Áustria parecia inevitável. Quando uma disputa surge de um apelo... ambos os poderes se mobilizam e a guerra parece iminente.
>
> O czar Nicholas da Rússia, irritado com o pseudo-liberalismo do líder prussiano, ao lado da Áustria, e Frederick William, que tinha relutado em ir para a guerra desde o início, decidiram bater em retirada apressada. Ele enviou o seu novo ministro, Otto von Manteuffel, para negociar... (Professor Langer, páginas 726-

727)

Quando Bismarck era velho, os seus olhos nunca perderam o seu espantoso poder. Ele tinha um desprezo natural por tudo o que era fraco, sentimental, e entre os seus objectos de desdém incluía muitas virtudes cristãs (Professor F.M. Bowicke, *Bismarck e o Império Alemão*, página 5)

Em *La Revue des Deux Mondes* publicado em 1880 vol. 26, página 203 de Valbert, lemos o seguinte:

> Os judeus eram os únicos que podiam explorar Bismarck de tal forma que todas as reformas liberais na Alemanha depois de Sadowa (onde os prussianos foram derrotados pelos austríacos em 1866) introduzidas por Bismarck serviram os judeus...

Como demonstrámos, os Rothschilds estavam particularmente interessados na política de todas as nações em que estavam estabelecidos. Por exemplo, no Congresso de Viena, os Rothschilds procuraram dominar. Aprendemos com Maria Olivia O'Grady:

> ... Os judeus enviaram representantes ao Congresso de Viena, onde procuraram influenciar os delegados oficiais com subornos e presentes. O mais velho Rothschild, será recordado, temia que o privilégio judeu especial que tinha adquirido a Karl von Dalberg, Príncipe Primaz da Confederação do Reno, se perdesse se não fosse incorporado nas novas constituições a serem redigidas pelo Congresso.

> Jacob Baruch (pai de Ludwig Boerne), G. G. Uffenheim e J. J. Gumprecht, emissários especiais de Rothschild, teriam sido expulsos da cidade pela polícia vienense, se Metternich não tivesse intervindo.

> Os representantes judeus, é claro, não tinham qualquer posição oficial no Congresso. A influência judaica mais importante sobre os membros do Congresso veio das mulheres judias que abriram os seus salões para entreter prodigiosamente os principais estadistas e líderes que participaram nas sessões do Congresso.

> Os mais proeminentes destes judeus foram a Baronesa Fanny von Arenstein, Madame von Eskeles, Rachel Levin von Varahagen, Madame Leopold Herz e Duquesa Mendelssohn von

Schlegel. O melhor que os judeus puderam obter no Congresso de Viena foi uma série de projectos de propostas que invariavelmente ofereciam plenos direitos de cidadania aos judeus que "assumissem todos os deveres dos cidadãos". Esta cláusula não satisfazia todas as exigências e requisitos particulares da "nação" judaica, que de facto queria todos os direitos de cidadania sem as obrigações habituais. (*O Congresso de Viena*, páginas 345, 346)

O autor Anka Muhlstein, em *Baron James, The Rise of the French Rothschilds*, dá uma interpretação diferente dos acontecimentos do Congresso de Viena e do seu efeito em Frankfurt:

Logo que os exércitos franceses foram retirados, as autoridades alemãs abordaram o problema urgente de colocar os judeus no seu lugar. Em Frankfurt, os direitos legalmente adquiridos e muito bem pagos foram agora abolidos. Mais uma vez, os judeus foram tratados como alienígenas indesejáveis.

Conscientes de que a sua honra, liberdade e por vezes a sua vida estavam ameaçadas, os judeus voltaram-se para as grandes potências que se reuniam regularmente no Congresso de Viena . Mas por mais válidos que fossem os seus argumentos, eles foram em vão. Os judeus na Alemanha não tiveram, portanto, outra escolha senão recorrer, como no passado, a meios clandestinos e encontrar ou comprar protecção.

Salomão tomou a seu cargo a campanha judaica e de repente a bolsa de Gentz, conselheiro de Metternich, cresceu. O resultado foi uma suspensão dos decretos de expulsão austríacos e declarações de Metternich e Hardenberg, o homólogo do chanceler austríaco na Prússia (*Baron James, The Rise of the French Rothschilds*, Anka Muhlstein, página 68)

De acordo com Muhlstein, os judeus foram atacados em Frankfurt e severamente perseguidos. Salomon Rothschild escolheu mudar-se para Viena, mas Amschel permaneceu em Frankfurt e depois de lembrar ao governo o quanto precisaria dos empréstimos Rothschild, a violência contra os judeus começou a diminuir.

CAPÍTULO 12

Salomon Rothschild mostra a sua força financeira

Em Viena, Salomão não foi autorizado a comprar uma casa, por isso alugou para si todo um hotel de luxo e depois recusou ao Rei de Württemberg o apartamento que tinha ocupado durante muitos anos.

Foi concedida imunidade diplomática a Salomão e foi-lhe atribuído o título de "Barão". Metternich nomeou então James e Nathan como cônsules, uma "honra impensável para um judeu", como observou Salomão:

James não renova o seu apelo. O poder e a protecção óbvios de Metternich aliviaram a sua preocupação. Graças ao Chanceler, os Rothschilds ganhariam imunidade diplomática.

Tendo-lhes concedido um título útil e lisonjeiro, ele deveria agora fazer muito mais. Nathan e James, à custa de muitos empréstimos habilmente negociados, conceberam a ideia de terem eles próprios nomeado cônsules para representar a Áustria em Londres e Paris. Um judeu a entrar no corpo diplomático! Era impensável. No entanto, apesar da enormidade da proposta, Metternich aceitou.

Apenas os mal-intencionados suspeitariam de uma ligação entre os vantajosos empréstimos pessoais dos Rothschilds ao Chanceler. Todos os escritórios do tribunal conduzem a novos negócios, especialmente quando se trata da Áustria. Se James fosse nomeado para Paris, ele poderia, se Deus quiser, encarregar-se de todos os assuntos relacionados com a liquidação da dívida da França à Áustria, uma vez que o Cônsul seria autorizado a tratar pessoalmente com o Rei (*Souvenirs*

Auguste de Fremilly, página 232, 1908)

Ao tentar estabelecer um modelo de judeus poderosos tentando usar a sua influência em convenções internacionais, a Conferência de Aachen em 1818 foi também confrontada com representantes judeus não convidados. Lewis Way, um clérigo inglês, actuou como porta-voz dos judeus e apresentou uma petição à Conferência defendendo a emancipação dos judeus na Europa. A influência judaica nos Congressos de Paris de 1856 e 1858 é evidente nos anais de ambas as reuniões. Não parece que os judeus tenham sido autorizados a estar oficialmente representados em qualquer das conferências. (Olivia Maria O'Grady)

Isto não agradou aos Rothschilds, que então exigiam cada vez mais daqueles que detinham no poder. Depois de receberem títulos de barões e cônsules, queriam agora que fossem exibidos sinais mais visíveis do seu poder.

O seu "amor pelos prémios" foi, no mínimo, imoderado. Von Gentz recebeu ordens para divulgar o facto de que lhes estavam a ser atribuídas medalhas e fitas:

"Salomon von Rothschild e o seu irmão em Paris receberam a Ordem de St. Vladimir em reconhecimento dos empréstimos negociados para a Rússia".

Von Gentz escreveu a vários dos principais jornais alemães. Seria igualmente bom se publicasse a notícia. Torná-lo um Vladimir em vez de um Santo Vladimir. Numa carta ao Conde von Neipberg em 1830, Metternich criticou em privado a vaidade dos Rothschilds:

Os Rothschilds gostariam de um pouco de Saint-Georges. Que vaidade! Apesar dos seus milhões e da sua generosa lealdade, os Rothschilds têm um apetite espantoso por honras e distinção. (documentos do Museu Britânico)

A natureza religiosa cristã das decorações tornou ainda mais extraordinário que os Rothschilds conseguissem obtê-las, e sublinhou o poder que exerciam sobre Metternich e Bismarck, especialmente porque Metternich é conhecido por ter começado a opor-se aos pedidos dos Rothschilds com o argumento de que, como não cristãos, não tinham direito a receber certas decorações, mas isto não impediu a inundação de pedidos de honras especiais. Em 1867, o filho mais velho de James, Alphonse, escreveu aos seus primos em Londres:

> O resultado mais notável da visita de Bismarck (a Londres) foi a distribuição de decorações. O meu pai recebeu a Grande Fita da Águia Vermelha, a mais alta e mais distinta decoração. Nenhum judeu na Prússia o recebeu. (*Ouro e Ferro*, Fritz Stern, página 1150)

Continuando o trabalho de O'Grady, o seu tema de representação não oficial mas poderosa em convenções mundiais onde os judeus não tinham estatuto, ela discute os esforços americanos em seu nome:

> Os judeus americanos influenciaram os Estados Unidos a apresentar a sua exigência de "direitos plenos e iguais" na Conferência de Paz de Bucareste, em 1913, embora os EUA não estivessem oficialmente representados na conferência.

Em Outubro de 1913, a Associação Judaica Anglo-saxónica enviou um memorial conjunto a Sir Edward Grey, pedindo que fossem dadas novas garantias afirmativas para os judeus, assinalando que a Roménia tinha repetidamente ignorado e repudiado garantias semelhantes.

> Elihu Root, o Secretário de Estado norte-americano, tinha dado instruções firmes, a pedido do Presidente Theodore Roosevelt, ao Embaixador White, que representou os Estados Unidos na Conferência argelina de 1906, ordenando-lhe que instasse a conferência a considerar garantias de tolerância religiosa e racial em Marrocos.

> A acção dos judeus do mundo na Conferência de Paz não é melhor indicada em lado nenhum do que nas disposições impostas à Polónia pelo Tratado de Versalhes. Um conquistador impiedoso não podia ter sido mais severo. Representantes polacos assinaram o Tratado das Minorias em 28 de Junho de 1919, comprometendo a Polónia com a divisão da soberania e a criação de uma classe alta e privilegiada de cidadãos. (Olivia Maria O'Grady, páginas 344-347)

A história tem mostrado repetidamente que a pessoa média na

maioria dos países tem pouco ou nenhum tempo para se dedicar a algo que não seja ganhar a vida, criar uma família, e ter um emprego que lhe permita alcançar estes objectivos, deixando pouco ou nenhum tempo para a política, questões económicas, ou outros assuntos vitais, como a guerra e a paz, que afectam a sua vida e a sua nação.

No entanto, parecia que certos grupos de pessoas estavam imunes a estas restrições, e pareciam saber sempre onde iriam ser decididas questões importantes, e por quem, e pareciam ter uma rede global que os mantinha a par de todos os desenvolvimentos políticos e económicos. Altamente organizados e muito vocais, estes grupos sempre tiveram a vantagem sobre os cidadãos normais.

Segundo Cherep-Spiridovich's *The Hidden Hand* e o extenso trabalho da autora Olivia Maria O'Grady, estes grupos altamente eficazes sempre foram judeus ou dominados e controlados por judeus.

Ambos os autores citam numerosos exemplos para apoiar a sua tese, sendo talvez dois dos mais convincentes a Conferência de Paz de Paris de 1919 e a criação do Estado de Israel. Continuamos com a conta de Olivia Maria O'Grady:

> No início de 1919, Paris estava literalmente inundada de judeus de todo o mundo - judeus ricos, judeus pobres, judeus ortodoxos, judeus socialistas, financeiros e revolucionários - que afluíram à capital francesa e se puseram a trabalhar.
>
> O Comité da Delegação Judaica à Conferência de Paz foi totalmente organizado a 25 de Março de 1919. Além disso, delegados da Organização Sionista Mundial e B'nai B'rith foram incluídos na composição do Comité, afirmando falar em nome de dez milhões de judeus.
>
> Woodrow Wilson, Georges Clemenceau e outras figuras internacionais eram meros fantoches nas mãos destes judeus internacionais. Embora a ideia de um super-Estado mundial fosse há muito um sonho judeu, a presunção de Wilson de que era a sua própria criação foi apoiada por todos os lados pela delegação judaica e pela imprensa mundial que eles

controlavam. "Os princípios da autodeterminação e homogeneidade nacionais não podiam ser levados a extremos", escreve um historiador judeu com evidente satisfação.

A delicadeza da delegação judaica é claramente discernível no produto acabado de Versalhes. O trabalho de base para a destruição da soberania em toda a Cristandade foi bem preparado pelo cérebro por detrás do Comité da Delegação Judaica. A soberania absoluta foi cerceada. Na eclosão da Segunda Guerra Mundial, "os novos e ampliados Estados" foram obrigados a "assumir a obrigação de incluir num tratado com as principais Potências Aliadas e Associadas, as disposições consideradas necessárias pelas referidas Potências para a protecção dos habitantes que diferem da maioria da população por raça, língua ou religião.

Entre os delegados judeus à Conferência de Paz de Paris estava Jacob Schiff, que mais tarde se tornou um dos banqueiros de Wall Street que financiou a revolução bolchevique na Rússia. A coroação do triunfo judeu foi a disposição que colocou os "direitos dos grupos nacionais" sob a garantia internacional e jurisdição da Liga das Nações - nenhum dos quais se preocupava em "tornar o mundo seguro para a democracia". (Wilson Statement of Intent, Olivia Maria O'Grady)

Wilson pode ter sido enganado pela intenção e propósito da Liga das Nações, mas um grupo de senadores norte-americanos de olhos arregalados pôde ver através das intenções dos seus promotores. Viram a Liga das Nações exactamente pelo que ela era: uma tentativa de destruir a soberania dos EUA, a Constituição dos EUA e a Carta dos Direitos, e rejeitaram-na como tal quando o tratado foi apresentado ao Senado dos EUA para ratificação.

Os líderes da oposição no Senado eram os senadores Hiram Johnson e William E. Borah, cujo patriotismo não conhecia limites. Borah, cujo patriotismo não conhecia limites. O tratado foi rejeitado a 11 de Novembro de 1919.

O Primeiro Ministro britânico Lloyd George também viu os perigos das restrições impostas às nações pelo Tratado de Versalhes. Em 1919, pôs os seus receios no papel durante uma pausa de fim-de-semana nas reuniões da conferência:

> Quando as nações estão esgotadas por guerras em que gastaram todas as suas forças e que as deixam cansadas, sangradas e quebradas, não é difícil estabelecer uma paz que possa durar até que a geração que viveu os horrores da guerra tenha passado... É, portanto, relativamente fácil voltar a juntar os pedaços de uma paz que pode durar trinta anos. O que é difícil, porém, é estabelecer uma paz que não provoque uma nova luta quando aqueles que experimentaram a guerra na prática tiverem falecido...

> Pode despojar a Alemanha das suas colónias, reduzir o seu armamento a uma mera força policial, e a sua marinha à de um poder de quinta categoria; mas no final, se ela sentir que foi tratada injustamente na paz de 1919, encontrará os meios para obter a retribuição dos seus conquistadores.

> A imposição, a impressão profunda feita no coração humano por quatro anos de abate inexplicável, desaparecerá com os corações sobre os quais a terrível espada da Grande Guerra a marcou. A manutenção da paz dependerá então de não haver motivo para exasperação que desperte constantemente o espírito de patriotismo, de justiça, de fair play... Embora Lloyd George tenha feito um esforço corajoso para que fosse feita justiça à Alemanha, falhou, não por falta de tentativa, mas devido às forças implacáveis do Internacionalismo que se ergueram contra ele, caracterizadas pelo comportamento vicioso e brutalmente feio, atitudes e exigências do francês Georges Clemenceau.

> As palavras quase proféticas que escreveu em Fontainebleau em Março de 1919 mostram que Lloyd George tinha uma visão de futuro. Lloyd George foi derrotado pelas forças revolucionárias que tinham vindo a ganhar força desde o século XVIII. Bem organizados e financiados, eram virtualmente imparáveis. De certa forma, Lloyd George foi prejudicado pela presença do seu controlador. Sir Philip, A.G.D. Sassoon, Bart, relacionado por casamento e sangue com os Rothschilds. Como membro do British Privy Council, Sassoon pôde juntar-se às deliberações secretas dos confrades.

Explicando a política francesa em Versalhes e as suas consequências, a revista TIME de 17 de Maio de 1940, numa rara partida da censura Rothschild, também confirmou isso:

No essencial Ministério do Interior, o Primeiro-Ministro Reynaud nomeou o enérgico Georges Mandel, de 54 anos, que tinha sido anteriormente Ministro das Colónias. Não era uma nova posição para o pequeno e de nariz fino Clemenceauist, que, como chefe do pessoal do Tigre durante a última guerra, tinha gerido os assuntos internos do país e mantido a moral civil.

Nascido em Jeroboam Rothschild, Mandel tem sido frequentemente chamado de Disraeli de França; super-político num país de políticos, demonstrou recentemente no Ministério das Colónias (e Correios) que não tinha perdido nenhum do dinamismo e do talento administrativo que o tinham tornado tão indispensável a Clemenceau...

Dos meus estudos no Museu Britânico, é evidente que o sucesso da Conferência de Paz de Paris e do subsequente Tratado de Versalhes dependia da aceitação universal da Liga das Nações, a primeira tentativa organizada para criar um governo mundial único que usurpasse a soberania de todas as nações, e entregasse a Palestina aos sionistas.

Esta opinião é confirmada pelas palavras de Wilson aquando da sua chegada a Paris em Janeiro de 1919:

A Liga das Nações é o foco da nossa reunião.

Como é sabido, Wilson tinha sido cuidadosamente treinado e instruído por Mandel House, o servo dos Rothschilds, e ele sabia que tinha de obedecer a ordens. Investigando os documentos de Lloyd George no Museu Britânico, tornou-se claro para mim que o primeiro-ministro britânico tinha lutado contra Wilson, mas em vão. Apesar dos vigorosos protestos de Lloyd George, Wilson insistiu que o primeiro ponto da ordem de trabalhos deveria ser a proposta de criação da Liga das Nações.

Concentrei muitos meses de investigação sobre a Liga das Nações no Museu Britânico e descobri que Wilson foi a Paris armado com instruções recebidas indirectamente de Lord Rothschild via Mandel House sobre a sua agenda.

Wilson tinha chegado ao conhecimento dos Rothschilds através da Mandel House, quando, como professor na Universidade de Princeton, tinha tentado acabar com o que chamou de "esnobismo", proibindo os clubes de estudantes. Ele não teve sucesso, mas esta indicação precoce das suas convicções socialistas chamou a atenção da Câmara e ajudou-o a ganhar o cargo de governador de Nova Jersey e eventualmente o cargo de Presidente dos Estados Unidos. O presidente do Comité Nacional Republicano Will Hayes disse de Wilson:

> Ele quer reconstruir o mundo sem obstáculos, de acordo com todas as doutrinas socialistas, todas as noções de propriedade governamental ilimitada, todos os caprichos nebulosos que possam passar pela sua cabeça.

O meu estudo da presidência de Wilson mostra que Hayes estava no caminho certo, mas não tinha forma de saber nada sobre quem estava a gerir a agenda de Wilson. Não havia nada de vago nas instruções claras que recebia constantemente de Londres através da Mandell House. Um desses conjuntos de instruções de Londres dizia respeito aos Catorze Pontos de Wilson. De facto, os Catorze Pontos que ele iria apresentar à Conferência de Paz de Paris tinham sido redigidos pelos Rothschilds e os Brandeis de Justiça, que os tinham transmitido a Wilson com ordens para os utilizar como seus na Conferência, sob o olhar atento do judeu Bernard Baruch.

O segundo conjunto de instruções, o da Liga das Nações, foi também dito como tendo sido obra de Wilson. O seu discurso no início da Primeira Guerra Mundial de que a América estava a combater "a classe dominante e não o povo alemão" era pura retórica caseira. Para continuar com as citações de Olivia Maria O'Grady:

> O Presidente Wilson, rodeado pela fraternidade financeira judaica, empurrado aqui e ali pelo sinistro Coronel House, e aconselhado pelo sionista Brandeis, imaginou-se o grande "pacificador" de toda a história. Foi um historiador que provou que nada sabia sobre a história.

> Nas mãos dos judeus, que a utilizaram para os seus próprios fins, mergulhou este país [os Estados Unidos] numa guerra desastrosa e desencadeou uma série de acontecimentos destinados a destruir a América.

Lisonjeado e elogiado por aqueles que o dobraram à sua vontade, ele imaginou-se a fazer de Deus, refazendo o mundo e os seus habitantes à sua própria imagem. Tendo feito um juramento de posse para proteger e promover os interesses do povo americano, ele subitamente acreditou que tinha um mandato para salvar o mundo.

Apelou a uma "paz sem vitória" e declarou que estava a mergulhar os Estados Unidos numa "guerra para acabar com a guerra" e para "tornar o mundo seguro para a democracia". Desde então, a história tem sublinhado repetidamente a futilidade da sua dupla conversa.

A paz e a vitória vieram em 11 de Novembro de 1918 e Wilson correu para Paris onde perdeu ambos (Olivia Maria O'Grady)

Isto é talvez um pouco duro para Wilson que, afinal de contas, estava rodeado e protegido por conselheiros:

Podemos agora avaliar devidamente este criminoso e traiçoeiro tratado de paz, que deu origem à actual guerra (Segunda Guerra Mundial).

Não foi Wilson que traiu o Governo alemão com a promessa dos seus 14 Pontos, nem Lloyd George que mentiu aos árabes para os induzir a entrar na guerra; - foi Jeroboam Rothschild, Sir Philip Sassoon e Bernard Baruch. Wilson, Lloyd George e Clemenceau são culpados apenas na medida em que agiram em obediência a um poder ao qual não se atreveram a opor-se. Estes três judeus, representando o poder financeiro da família Rothschild, determinaram as disposições essenciais do famigerado tratado de paz.

Criaram o Gabinete Internacional do Trabalho; organizaram a Comissão de Reparação e a Conferência Financeira de Bruxelas; deram a Palestina aos judeus; estabeleceram a Liga das Nações e o Tribunal Mundial sem a nossa adesão.

Foi a nossa recusa em aderir que impediu a realização da sua grandiosa máquina para o governo mundial (*Rothschild Money Trust*, páginas 67, 68)

Embora o nome do Coronel House não seja mencionado neste relato, foi o House que, mais do que Baruch, representou os interesses da Rothschild nos Estados Unidos na conferência.

Continua a partir do *The Rothschild Money Trust*:

> Estes três judeus são responsáveis pelo abandono dos Catorze Pontos do Presidente Wilson e pelas violações flagrantes das promessas sobre as quais a Alemanha depôs as suas armas. Se as promessas do Presidente Wilson tivessem sido cumpridas, não teríamos tido uma Segunda Guerra Mundial. Talvez se tivéssemos aderido à Liga das Nações não houvesse nenhum, pois seríamos súbditos do "Rei Despot" que nos governaria com uma mão de ferro...

> Jeroboam Rothschild (Mandel) era membro do gabinete de Reynaud e demitiu-se e fugiu com ele quando a França se recusou a ser fundida com o Império Britânico, mas em vez disso decidiu render-se. O povo francês parece agora perceber, de acordo com a imprensa, que é agora vítima de belicistas...

> O projecto da Liga das Nações não começou com o Presidente Wilson. Ele não o reivindicou. A sua origem precisa é desconhecida, mas os judeus reclamam crédito por ela. É sem dúvida o seu bebé, pois tem todas as marcas da sua esperteza... O London *Daily Mail* declarou-o como "a farsa mais elaborada que a história alguma vez perpetrou".

> Sob o pretexto de redigir um tratado de paz com a Alemanha, esta conferência de paz estabeleceu a Palestina como um lar para os judeus e deu ao governo britânico um mandato para governar o país. Desde então, os judeus têm estado em guerra com os árabes e a situação tornou-se tão intolerável que o governo britânico procurou dividir o país entre judeus e árabes e abdicar da sua responsabilidade, o que não agradou nem aos judeus nem aos árabes.

> O povo da América não quer um super-governo, nem quer ser governado pelo Papa de Roma ou por um déspota de sangue de Sião. Escapámos por pouco quando os republicanos, com a ajuda de doze democratas obstinados, derrotaram o projecto da Liga das Nações por uma margem muito estreita; pois a Liga das Nações deveria ser precisamente isso (Olivia Maria O'Grady, páginas 68, 69 e 85)

Um epitáfio adequado (e talvez um aviso sombrio para o mundo) foi escrito por O'Grady:

> No final de 1938, o colapso da Liga das Nações estava quase

completo. Das 62 nações que tinham sido membros, apenas quarenta e nove permaneceram. No final de 1940, tinha deixado de existir.

Seguiu o caminho dos seus antecessores - a Santa Aliança (tão temida pelos Rothschilds), o Concerto da Europa e o Tribunal Permanente de Arbitragem.

Falhou porque os Estados Unidos se recusaram a participar e porque a humanidade ainda não foi reduzida ao seu denominador comum, a mediocridade.

As noções de "Mãe", "casa", "a bandeira", "céu" e "Deus e país" estavam ainda profundamente enraizadas nas mentes e corações das pessoas. Outra guerra, e talvez até outra, seria necessária antes destes conceitos "burgueses reaccionários" serem apagados dos cérebros dos seres humanos.

Mayer Amchel Rothschild

A casa da família Rothschild
na Judenstrasse em Frankfurt, Alemanha.

Gutte Schnapper Rothschild

Jacob James Rothschild

Lionel Rothschild

Os filhos Rothschild mais famosos que controlavam uma fortuna de vários biliões de dólares. Salomão, Nathan e Karl Rothschild

Waddesdon Manor (Mansão), uma residência de campo dos Rothschilds em Inglaterra

Château de Ferrières de Jacob James Rothschild

Napoleão Bonaparte e Arthur Wellesley (Duque de Wellington)

Marechal Soult e General Blücher

CAPÍTULO 13

A Liga das Nações: uma tentativa de estabelecer um único governo mundial

Um dos aspectos mais espantosos da Liga das Nações foi a grande pressão exercida para que fosse aceite pelos Estados Unidos, e os extraordinários esforços feitos para esse fim. Wilson exigiu a ratificação do tratado, na sua forma actual, sem discussão, sem alterações e sem modificações.

O povo americano, tendo sido avaliado pelos agentes Rothschild na América como suficientemente disposto a aceitar qualquer coisa, esperava-se que aceitasse os acordos secretos feitos à porta fechada em 1915. Isto era o que os Rothschilds estavam habituados a ver acontecer. Foi sempre um caso de "a nossa vontade será feita" ou de esperar muitos problemas.

Em 22 de Setembro de 1919, o Professor I. Shotwell, um Fabianista americano, exige que o Senado ratifique o tratado sem demora, e Charles McParland, Secretário-Geral do Conselho Mundial das Igrejas, apoia o seu apelo!

Menciono isto para ilustrar como o socialismo internacional estava bem enraizado nos EUA.

O sionismo foi o elemento decisivo mesmo nessa altura. Relativamente ao movimento sionista na América, há um relato interessante na *História do Sionismo de* Walter Laqueur:

> Foi só em 1917 que surgiu a organização sionista na América... Mas apesar dos acontecimentos na Europa Oriental... o impacto do movimento é dificilmente perceptível na vida americana. Afinal de contas, a Europa estava longe e não havia qualquer preocupação com a situação dos judeus americanos e as suas

perspectivas. O movimento tem essencialmente o carácter do East Side. Falta-lhe dinheiro, prestígio e influência política. Os seus líderes, por outro lado, são judeus assimilados, como o rabino Stephen Wise... O avanço veio durante os primeiros anos da guerra na Europa, quando Brandeis se tornou o seu líder. Brandeis era um dos advogados americanos mais respeitados que mais tarde se tornaria um Juiz do Supremo Tribunal. Foi persuadido por Jacob de Haas, um sionista britânico e associado próximo de Herzl, que se tinha mudado para a América em 1901.

Brandeis, nas palavras de outros líderes sionistas, não tinha qualquer ligação com qualquer forma de vida judaica, não estava familiarizado com a sua literatura e tradições; ele teve de redescobrir o povo judeu. Mas uma vez que a sua imaginação foi capturada pelo ideal sionista, dedicou muito do seu tempo e energia ao movimento, servindo como seu presidente desde 1914 até à sua nomeação para o Supremo Tribunal. Foi a identificação de Louis Brandeis com o movimento, mais do que qualquer outro evento, que fez do sionismo uma força política. Ser Sionista tinha-se tornado de repente respeitável. (Páginas 160,161)

Há algumas afirmações muito importantes neste extracto do livro de Laqueur.

1. O sionismo não era a preocupação da grande maioria dos judeus americanos.

2. A grande maioria dos judeus americanos não estava muito preocupada com a guerra na Europa.

3. Brandeis não era um judeu religioso, no sentido geralmente aceite.

4. O movimento sionista, antes da adesão de Brandeis, era essencialmente um movimento socialista de judeus bolcheviques não religiosos do Leste, os mesmos Trotsky recrutados para a sua missão de derrubar a Rússia cristã, por outras palavras, os judeus sionistas.

5. A maioria dos judeus americanos não estava interessada em migrar para Israel até Brandeis lhes ter chamado a atenção para o facto. Aparentemente, não consideravam a Palestina como uma "pátria", pelo menos não no sentido político de um Estado sionista, pois a sua religião ensinava que não poderia haver

Estado judeu antes do regresso do Messias.

Com toda a justiça e sem querer prejudicar os judeus, e para ser estritamente objectivo, pesquisei milhares de páginas da história de Brandeis, mas não encontrei provas de que ele tenha redescoberto a sua religião judaica. Não consegui encontrar qualquer prova de que Brandeis se tivesse tornado um judeu religioso. O que descobri foi que de Haas converteu Brandeis ao sionismo activo, que é um movimento político, não religioso, um movimento político no qual Brandeis foi mais convertido do que S. Paulo ao cristianismo.

Brandeis tornou-se então o presidente provisório da Federação Mundial de Sionistas, ela própria um corpo puramente político e não religioso de judeus não-religiosos.

Talvez o acontecimento histórico mais conhecido em que os Rothschilds estiveram envolvidos em todas as fases seja a "Declaração Balfour", que é geralmente considerada como o início do Estado de Israel na terra da Palestina, que os sionistas se tinham esforçado por alcançar durante cem anos. Mas em 1914 não tinham feito qualquer progresso em direcção ao seu objectivo, pelo menos nenhum progresso digno de menção. O sionismo não estava mais próximo do seu objectivo muitas vezes estabelecido de um Estado judeu na Palestina do que Herzl estava em 1897. Segundo os registos do Congresso e documentos do Museu Britânico, bem como as memórias de guerra de Robert Lansing, embaixador americano em Londres, e os escritos de Ramsey McDonald, a Primeira Guerra Mundial proporcionou uma oportunidade de ouro para fazer avançar o sonho de Herzl de estabelecer um Estado sionista na Palestina. Lansing empurrou a América para a Primeira Guerra Mundial em 1915 e House, agindo em nome dos Rothschilds, juntou-se a ele no lobbying de Wilson. A pressão sobre Wilson foi enorme e os EUA entraram na guerra na Europa contra a vontade de 87% do povo americano.

Os historiadores do estabelecimento sempre deram a impressão de que uma grande maioria dos judeus era a favor da criação de uma "pátria para os judeus" na Palestina. Ao fazer muitas pesquisas, descobri que isto era em grande parte um exercício de propaganda.

De facto, na Rússia e na Grã-Bretanha houve uma oposição significativa à ideia por parte dos judeus religiosos que acreditavam que tal pátria só poderia ser estabelecida após o regresso do seu Messias.

A fim de suavizar a atitude dos judeus religiosos, Weizman fez um discurso em Londres a 20 de Maio de 1917, no qual declarou saber que o governo britânico estava pronto a apoiar os planos sionistas para a Palestina.

Claro que não estava oficialmente autorizado a fazer tal declaração, mas sem dúvida sabendo que o poder e prestígio de Lord Rothschild prevaleceria mais do que provavelmente, fê-lo de qualquer forma. A oposição religiosa judaica anti-sionista, liderada por Claude Montefiore da famosa dinastia judaica Montefiore, está extremamente perturbada, especialmente porque Weizman tinha chamado aos judeus religiosos uma "pequena minoria".

De acordo com *A History of Zionism*, uma carta, assinada por Montefiore e David Alexander, presidentes do British Board of Deputies, foi enviada ao jornal *London Times*, publicada em 24 de Maio de 1917, sob o título *Palestine and Zionism, Views of Anglo-Jewry* :

> Reiteraram o seu protesto contra a teoria sionista de uma nacionalidade sem domicílio fixo, que, se geralmente aceite, teria o efeito de aniquilar os judeus em todo o lado como um anacronismo; a religião é o único critério certo. Os signatários declararam também que seria uma calamidade se os colonos judeus na Palestina obtivessem direitos especiais sob a forma de privilégios políticos ou preferência económica. Isto estava em contradição com o princípio da igualdade de direitos para todos. Poria em perigo os judeus onde quer que tivessem obtido direitos iguais e envolveria os judeus palestinianos nas mais amargas querelas com os seus vizinhos de outras raças. (Páginas 193, 194)

A sabedoria e a visão dos judeus religiosos não sionistas reflecte-se nos trágicos acontecimentos na Palestina, que permanece em tumulto até aos dias de hoje. Anos mais tarde, as suas opiniões foram retomadas por uma organização judaica religiosa, os Amigos de Jerusalém (Naturei Karta). Numa série de 12 anúncios de página inteira no *New York Times*, decretaram o Estado de Israel como um Estado ilegítimo, estabelecido em flagrante desobediência aos judeus religiosos e à Torá, e como uma calamidade para os judeus ortodoxos.

CAPÍTULO 14

O governo britânico trai
os árabes e Lawrence da Arábia

Através de uma boa dose de astúcia envolvendo a traição de Lawrence da Arábia, acordos secretos entre britânicos e franceses (o Tratado Sykes-Picot), os dois governos decidiram dividir as terras árabes entre eles no final da guerra. Isto parece-lhe extraordinário? Sim, foi e só poderia ter sido feito com o apoio dos Rothschilds. Uma destas decepções foi uma carta do líder sionista, Sokolow, que nomeou outro sionista, um homem chamado Sacher, para preparar um projecto dirigido a Balfour, segundo o qual a reconstituição da Palestina como Estado judeu era um dos seus objectivos de guerra essenciais. Sokolow teve as suas dúvidas e pensou que era demasiado ambicioso:

> "Se pedirmos demasiado, não conseguiremos nada", uma opinião obviamente partilhada por Lord Rothschild. No entanto, ficaram consternados quando o Ministério dos Negócios Estrangeiros publicou o seu próprio projecto, que utilizava termos como "asilo", "refúgio" e "santuário" para vítimas de perseguição judaica. Escusado será dizer que este projecto foi rejeitado pelos sionistas, que insistiram que a declaração seria inútil a menos que o princípio do reconhecimento da Palestina como um lar nacional para o povo judeu fosse afirmado. Finalmente, a 18 de Julho, Rothschild submeteu uma fórmula de compromisso à Balfour. Não mencionava um estado judeu, mas um lar nacional.

> (*A History of Zionism*, páginas 195-196 Sokolow, *Geschite des Zionismus*, British Museum Papers)

Infelizmente, as vozes de protesto dos líderes religiosos judeus foram abafadas pelo sionismo político, que, com o apoio dos Rothschilds, fez pender a balança a seu favor. Ramsey McDonald resumiu os seus sentimentos sobre este comportamento desleal:

> Encorajámos a revolta árabe na Turquia prometendo a criação de um reino árabe a partir das províncias árabes do Império Otomano, incluindo a Palestina.
>
> Ao mesmo tempo, encorajámos os judeus a ajudar-nos, prometendo-lhes que a Palestina lhes seria disponibilizada para a colonização e o governo; e também ao mesmo tempo fizemos com a França o acordo Sykes-Picot dividindo o território, que instruímos o nosso Governador-Geral no Egipto a prometer aos árabes. A história é de uma duplicidade grosseira e não podemos escapar à reprovação que se segue.

O que queria dizer exactamente McDonald quando disse: Nessa altura, encorajámos os judeus a ajudar-nos prometendo-lhes que a Palestina seria deles. Como é que os judeus iam ajudar durante a guerra? Ao fornecer homens de países judeus para combater os turcos, como os árabes fizeram? Não, não foi nada disso. Os sionistas não forneceram qualquer mão-de-obra para ajudar os britânicos e os árabes a combater os turcos. Como é que os sionistas ajudaram?

Convenceram o Congresso dos EUA a declarar guerra à Alemanha contra a vontade de 87% do povo americano. Para o fazer, nas costas dos árabes e outros residentes palestinianos, cujos antepassados viveram na Palestina durante 7.000 anos, os britânicos, com a cumplicidade dos Estados Unidos, prometeram a Palestina aos sionistas, embora não houvesse nenhuma lei internacional que lhes permitisse fazê-lo.

Apenas algumas vozes se levantaram em protesto contra o que Arnold Toynbee chamou 'a calamidade'. Vários escritores, incluindo Olivia Maria O'Grady, juntaram-se ao protesto contra o plano de partição Sykes Picot que levou à "Declaração Balfour":

> Durante a guerra, a Grã-Bretanha e os seus aliados continuaram a proclamar que estavam a lutar pela liberdade do mundo. Que tipo de liberdade está contida na Declaração de Balfour? Com

que direito se propõe a Grã-Bretanha a dispor da terra de outro povo? Em que base moral pode uma nação procurar estabelecer uma casa nacional para um povo estrangeiro no território de outra? A Palestina não pertencia à Grã-Bretanha.

Arnold Toynbee foi um historiador britânico altamente considerado e figura pública líder que recebeu reconhecimento universal pelo seu trabalho de dez volumes, A Study of History, um reexame abrangente do desenvolvimento humano à luz da filosofia idealista da história.

Assim, ninguém ousaria chamar McDonald, Toynbee e Lawrence da Arábia "anti-judaico" ou "anti-semita", uma ameaça que tinha impedido tantas outras pessoas de espírito semelhante de denunciar a duplicidade do governo britânico, tal como expressa na ilícita Declaração de Balfour. Toynbee expressou a sua raiva perante a traição dos árabes sobre a Palestina em Um Estudo da História.

> Enquanto a responsabilidade directa pela calamidade que se abateu sobre os árabes palestinianos em 1948 recaiu sobre a cabeça dos judeus sionistas que tomaram o Lebensraum para si próprios na Palestina pela força das armas nesse ano, uma pesada responsabilidade indirecta recaiu sobre a cabeça do povo do Reino Unido, pois os sionistas não teriam tido a oportunidade, em 1948, de conquistar um país árabe no qual tinham uma minoria insignificante em 1918, se o tivessem feito, durante os trinta anos seguintes, o poder do Reino Unido não tinha sido exercido continuamente para tornar possível a entrada de imigrantes judeus na Palestina, contra a vontade, apesar dos protestos, e sem ter em conta as expectativas dos habitantes árabes do país que, em 1918, viriam a ser vítimas desta política britânica há muito continuada.

Lawrence da Arábia (Coronel Lawrence), que poderia ainda menos ser acusado de preconceito anti-judaico ou rotulado de "anti-semita", não se calou sobre a traição do seu compromisso para com os árabes:

> Se ganhássemos a guerra, as promessas feitas aos árabes permaneceriam por cumprir. No entanto, a inspiração árabe foi o nosso principal instrumento para vencer a guerra no Oriente.

Assim, assegurei-lhes que a Inglaterra estava a cumprir a sua palavra na letra e no espírito. Com esta garantia eles conseguiram as suas belas coisas; mas, claro, em vez de me sentir orgulhoso do que fizemos juntos, acabei por ficar amargamente envergonhado.

Outras vozes acrescentadas ao que Lawrence tinha expresso como uma sensação de traição total, incluindo O'Grady:

O Coronel Lawrence tinha bons motivos para ter vergonha. Enquanto os árabes lutavam e morriam pela Inglaterra, o Ministro britânico dos Negócios Estrangeiros, Arthur Balfour, trocava a Palestina por uma promessa judaica de trazer os Estados Unidos para a guerra do lado britânico. Em para além desta traição, a Inglaterra e a França, pelos termos do Tratado Sykes-Picot, concordaram em dividir as terras árabes entre si no final da guerra.

Ponderei a declaração de Toynbee durante meses porque, dados os seus antecedentes e filiações, era altamente improvável que ele expressasse quaisquer sentimentos críticos em relação aos sionistas ou aos seus mentores, Rockefeller e Rothschild.

De acordo com documentos nos arquivos do Gabinete de Guerra (e cópias no Museu Britânico), Toynbee era o protegido de Lord Bryce, um seguidor dos radicais filosóficos. Toynbee seguiu os passos de Bryce ao escrever um artigo para a Enciclopédia Britannica, 9 edição.

O artigo intitulava-se *"German Terror in France: A Historical Record"* e foi um exercício sem falhas de propaganda anti-germânica, publicado, significativamente, em Nova Iorque, em 1917. Foi claramente um incentivo para ajudar o Presidente Wilson na sua luta para arrastar a América para a guerra na Europa. Embora nenhuma das acusações de brutalidade alemã pudesse ser provada, o artigo foi amplamente aceite como verdadeiro.

Este é exactamente o tipo de justificação que Wilson precisava de um colega do Balliol College, Oxford, para explicar porque é que a América teve de enviar os seus filhos para morrer em França "para tornar o mundo seguro para a democracia".

Ouvimos de seguida Toynbee quando foi nomeado para a delegação britânica à Conferência de Paz de Paris, uma posição pouco clara que ele iria pôr em perigo quando planeou o seu futuro no Royal Institute for International Affairs, o braço da política externa do Comité dos 300.

Como tal, Toynbee deve ter estado intimamente familiarizado com as promessas feitas ao Xerife de Meca, Hussein bin Ali e ao Coronel Lawrence, e a medida em que a subsequente traição da confiança destes dois homens tinha tornado possível a vitória britânica sobre os turcos.

Toynbee foi o autor de um grande livro, que defendia um único governo mundial autoritário, um exemplar do qual foi entregue ao Presidente Wilson pelo Coronel House e no qual se basearam muitos dos ditames de Wilson e do Royal Institute for International Affairs. Descobri que Toynbee foi financiado com a quantia de um quarto de milhão de dólares, mas não havia indicação directa de que fosse também financiado pelos Rothschilds, embora possa ter havido tal ligação, dado que foi House quem entregou as instruções para Wilson seguir na conferência da Liga das Nações.

É aqui que se encontram as sementes do desastre, a origem do tumulto que continua até hoje na Palestina, e pessoas imparciais, como os judeus ortodoxos Naturei Karta, conheciam a bem escondida história de Rothschild e Balfour's sell-out dos árabes, contida neste documento. Os judeus ortodoxos Naturei Karta não concordam com o conceito de uma "pátria judaica". Este nobre movimento judeu ortodoxo opõe-se a uma presença sionista na Palestina.

Quanto aos cristãos da Europa e da América, caíram num estado de indiferença em relação ao destino dos "outros" habitantes da Palestina. Isto não os honra nem reflecte a ética cristã do fair play encarnada nas palavras de Cristo:

"Faz aos outros o que gostarias que te fizessem a ti".

Ao longo dos tempos, filósofos, historiadores e estudiosos têm colocado a questão: Porque é que a história das guerras mostra que elas são sempre iniciadas pela chamada "elite", os líderes das nações? Uma razão, como Henry Clay afirmou, é que quando há descontentamento entre a população, a ameaça estrangeira é usada como pretexto para reprimir esta agitação.

A segunda e talvez a mais importante razão é que todas as guerras são de origem económica. Como o controlo da banca e das finanças está nas mãos da elite, sabe-se que iniciam guerras para obter ganhos económicos. Por exemplo, os banqueiros internacionais colheram enormes fortunas na Primeira Guerra Mundial. Os Rothschilds obtiveram enormes lucros com o financiamento de ambos os lados da Guerra Civil Americana.

Há também a teoria de Bertrand Russell de que as guerras diminuem as populações. Aos olhos do Comité dos 300, o mundo está cheio de demasiadas pessoas, que estão a esgotar os recursos naturais do planeta a um ritmo alarmante. A solução, segundo Russell, é livrar-se do que ele chama "comedores inúteis", que devem ser abatidos a intervalos regulares.

Os dez milhões de mortos da Primeira Guerra Mundial não foram suficientes para satisfazer Russell, que defendeu que as pragas e pandemias deveriam ser introduzidas a intervalos regulares para eliminar os "comedores inúteis" que tinham escapado às guerras. A pandemia de SIDA foi deliberadamente introduzida na esperança de que eliminaria milhões de pessoas da reserva de "excesso de população".

A elite concebeu formas de preservar os seus membros das pragas, como evidenciado pela bem sucedida luta contra a pandemia da Peste Negra na Idade Média. No que diz respeito ao serviço militar do tipo enfrentado pelos soldados de infantaria, a elite tem um historial de tácticas de evasão bem sucedidas, como evidenciado pelo registo do Presidente G. W. Bush e o Vice Presidente Richard Cheney. Estes não são casos isolados, mas podem ser encontrados em abundância nos arquivos de todas as nações.

CAPÍTULO 15

Uma conversa dupla sorrateira

William L. Langer, Coolidge Professor de História, Emérito da Universidade de Harvard, resumiu a situação política em 1915 da seguinte forma:

> "Campanhas na Turquia asiática, 1916-1917... A Palestina deveria ser colocada sob administração internacional. 9 de Maio de 1916, Acordo Sykes-Picot entre a Grã-Bretanha e a França... os territórios mencionados no acordo acima referido serão administrados pela França e pela Grã-Bretanha, enquanto o resto da Arábia será dividido em esferas de influência francesa e britânica, mas organizado como um Estado árabe ou uma federação de Estados. "

Num eufemismo clássico, o Professor Langer acrescentou em seguida:

> "Estes acordos não eram inteiramente compatíveis com outros acordos com líderes árabes, que de facto não eram compatíveis entre si.

Por outras palavras, foram estabelecidos dois mandatos diferentes, oferecendo dois conjuntos de objectivos, um totalmente desconhecido para os árabes.

Existe alguma história de tais acções por parte de um presidente americano que alguma vez tenha sido aprovada? A Constituição dos EUA permitiu que Wilson conduzisse as suas negociações, essencialmente em privado, com pessoas privadas não sancionadas oficialmente pelo seu governo? A resposta a estas perguntas deve ser não. As consequências para o governo americano e para o povo americano foram consideráveis e humilhantes. Além disso, nunca houve qualquer explicação para o povo americano sobre a razão pela qual a Declaração Balfour foi apresentada a Lionel Rothschild para aceitação, uma vez que ele não ocupava qualquer posição oficial? Só por esta razão, a Declaração de Balfour foi e continua a ser um documento espúrio. É evidente que já nessa altura o governo britânico tinha começado a jogar um jogo duplo com os árabes e o seu brilhante líder britânico, o Coronel Thomas Edward Lawrence, mais conhecido como "Lawrence da Arábia".

O Professor Langer remonta então a dois anos atrás, a 31 de Outubro de 1914, e faz um relato completo da posição geográfica dos árabes, e do que a Grã-Bretanha fez para tentar arrancar a vitória das mandíbulas da derrota na guerra do Médio Oriente:

"Lord Kitchener (comandante das forças britânicas) tinha oferecido a Hussein, o Alto Xerife de Meca, uma garantia condicional de independência. As negociações entre o xerife e o governo britânico começaram em Julho de 1915. A 30 de Janeiro de 1916, os britânicos aceitaram os termos de Hussein, deixando indeterminado o estatuto exacto de Bagdade e Basra e a esfera de influência francesa na Síria. "

É de notar que não há aqui qualquer menção a uma "pátria judaica" na Palestina apenas para os judeus.

"A 5 de Junho de 1916, começaram as revoltas árabes no Hijaz e a guarnição turca em Medina foi atacada.

A 7 de Junho, Hussein proclama a independência do Hijaz e a guarnição (turca) de Medina rende-se.

A 29 de Outubro, Hussein é proclamado Rei de todos os Árabes. Convida os árabes a travar uma guerra contra os turcos.

A 15 de Dezembro, o governo britânico reconheceu Hussein como Rei dos Hijaz, e de todos os árabes. Foi em grande parte para reforçar a insurreição árabe que Sir Archibald Murray, (comandante no Egipto desde 19 de Março de 1916), decidiu sobre uma ofensiva cautelosa no Sinai e na Palestina. Em todas estas revisões e acções militares, nunca houve qualquer menção a uma "casa judaica" na Palestina nas negociações e acordos entre o governo britânico e os árabes. Seria certamente seguro assumir que se isto tivesse sido mencionado, os árabes tê-lo-iam recusado liminarmente e nunca teriam levado El Arish. A maioria dos historiadores está de acordo sobre este ponto essencial.

A 21 de Dezembro de 1916, os britânicos tomaram El Arish, após a construção de uma linha férrea e de um oleoduto através do deserto. A 17-19 de Abril de 1917, os britânicos foram repelidos por uma força combinada de turcos e alemães com pesadas perdas. A 28 de Junho, Murray foi substituído por Sir Edmund Allenby.

A 6 de Julho começou o aparecimento do espectacular herói de guerra, o Coronel Thomas E. Lawrence, que galvanizou o movimento árabe e tomou Aqaba, dando assim início às brilhantes investidas contra as guarnições turcas e especialmente contra os guardas do caminho-de-ferro Hijaz, o elo mais importante das comunicações turcas. A história confirma que todos estes combates ao longo dos caminhos-de-ferro de Hijaz e Aqaba foram conduzidos unicamente por forças árabes sob o comando de Lawrence. Nenhuma tropa britânica esteve envolvida nestas campanhas-chave e não há qualquer menção a qualquer participação de forças judaicas. Langer e outros historiadores admitem prontamente que sem a ajuda árabe os britânicos não teriam sido capazes de expulsar a Turquia da Arábia e da Palestina. Na realidade, foram os árabes, sob a liderança de Lawrence, que expulsaram os turcos da Arábia e da Palestina. É bastante ilógico acreditar que os árabes sob Lawrence e as suas promessas o fizeram sabendo que uma "Pátria para os judeus" seria a recompensa pela sua luta".

Langer prossegue, dizendo:

Na frente palestiniana, o novo comandante britânico, General Edmund Allenby, tinha iniciado o seu avanço em Outubro de 1917... Em 9 de Dezembro, Allenby tomou Jerusalém. O avanço britânico foi atrasado pelo facto de Allenby ter sido forçado a enviar grandes contingentes do seu exército para França para lidar com a crise na frente francesa, onde o exército britânico foi derrotado com pesadas perdas, e para impedir os avanços alemães vitoriosos. O exército britânico ordenou o regresso de todas as suas forças que combatiam na Mesopotâmia e na Turquia às frentes alemã e francesa para ajudar a travar o avanço das tropas francesas e alemãs para a Europa.

Suspeito que já não havia tropas britânicas na Palestina, à

excepção de algumas guarnições e tropas de abastecimento, tendo a grande maioria sido enviada para França a 18 de Março de 1918. A afirmação de Langer de que as forças britânicas foram materialmente ajudadas pelos árabes é falsa. Foram as forças árabes, ajudadas por algumas tropas britânicas deixadas para trás depois de o principal exército britânico ter sido enviado para França, que fizeram a maior parte dos combates. Langer acrescenta que as forças britânicas puseram fim à presença turca na Palestina. Sugiro que a sua conta é manifestamente falsa.

Foram as forças árabes que puseram fim à presença turca na Palestina. Nenhuma tropa francesa, britânica ou judaica esteve presente durante as grandes batalhas na Palestina. Este é um facto indiscutível. Toynbee e Lawrence ficaram horrorizados e expressaram a sua indignação pelo relatório de Langer no *Times de* Londres, declarando-o falso. É evidente que, despojado das suas tropas britânicas, Allenby teve de confiar nas forças árabes para continuar a sua campanha contra os turcos, sabendo que os árabes endurecidos pela batalha empurrariam os turcos para fora da Palestina na sua campanha de 8 de Setembro de 1918. Os estados de Langer:

> Os britânicos quebraram as linhas turcas perto do Mediterrâneo e começaram a esmagar as forças inimigas. As forças britânicas, auxiliadas materialmente pelos árabes sob Lawrence, conseguiram agora empurrar para norte.

Mais uma vez, Langer esforça-se por minimizar o papel fundamental desempenhado pelas forças árabes, que fizeram a maior parte dos combates. Na página 316 do seu livro, a historiadora O'Grady dá a sua opinião sobre os acontecimentos na Palestina:

> Com o exército britânico a marchar na Terra Santa, as perspectivas judaicas para a Palestina nas mãos do Kaiser começaram a desvanecer-se. Se a Grã-Bretanha garantisse aos judeus do mundo uma base na Palestina, eles trabalhariam para a Grã-Bretanha. As negociações com o governo britânico tiveram início em Fevereiro de 1917, tendo Sir Mark Sykes como principal intermediário. Em 2 de Novembro de 1917, Lord Balfour reduziu os resultados das negociações secretas e das

comunicações extensivas entre particulares nos Estados Unidos numa carta a Lionel Rothschild, o rei não-coroado de Israel.

Esta carta, que ficou conhecida como a Declaração de Balfour, tem a seguinte redacção

> Caro Lord Rothschild, tenho o grande prazer de lhe transmitir, em nome do Governo de Sua Majestade, a seguinte declaração de simpatia para com as aspirações sionistas judaicas, a qual foi submetida e aprovada pelo Gabinete.
>
> O Governo de Sua Majestade considera a favor do estabelecimento na Palestina de uma pátria nacional para o povo judeu e fará todo o possível para facilitar a realização deste objectivo, sendo claramente entendido que nada será feito que possa prejudicar os direitos civis e religiosos das comunidades não judaicas na Palestina ou os direitos e o estatuto político de que gozam os judeus em qualquer outro país. Ficaria satisfeito se levasse esta declaração à atenção da Federação Sionista.

Os judeus esforçaram-se por fazer o público gentio acreditar que Lord Balfour, vendo a "justiça" da sua causa, escreveu a declaração depois de "vender" a ideia ao governo britânico. Relatando a publicação da carta, disseram os sionistas:

> A Declaração de Balfour é justamente chamada "Declaração de Balfour", não só porque foi Sir Arthur Balfour, como Secretário dos Negócios Estrangeiros, quem redigiu a carta histórica, mas também porque ele, mais do que qualquer outro estadista, é responsável pela política encarnada na declaração.

Em justiça ao povo judeu, procurei, mas não encontrei nenhuma referência a Lawrence da Arábia ou ao Xerife Hussein, ou a qualquer um dos líderes do povo que vive na Palestina, que foram consultados por Balfour ou Sykes, embora tenha sido feita uma busca diligente para ver se isto poderia ter sido registado e escapado à atenção dos investigadores, mas não o foi. Continuando com O'Grady:

> E, claro, nada poderia estar mais longe da verdade. O rascunho original foi escrito pelos próprios judeus. Quem foi o Brandeis da Justiça que o escreveu? Brandeis era um socialista de extrema-esquerda no Partido Democrático dos EUA, um juiz do Supremo Tribunal dos EUA e membro de várias organizações

sionistas. Ao longo das negociações Arthur Balfour e Lord Rothschild, nenhuma das quais incluindo o Xerife Hussein ou Lawrence da Arábia, Brandeis agiu como cidadão americano e nunca foi autorizado pelo Congresso ou pelo Departamento de Estado a agir como porta-voz do governo dos EUA.

O historiador O'Grady continua a dizer que "o Presidente Wilson aprovou-o".

Isto levanta questões importantes: Quando Wilson se envolveu nas "discussões" entre Brandeis, Lionel Rothschild, Lord Balfour e o Partido Sionista Americano, estava ele a agir em qualquer outra qualidade que não a de presidente?

* Se não, Wilson estava a agir oficialmente no seu papel de Presidente dos Estados Unidos?

* O Congresso aprovou as acções de Wilson e estas foram financiadas pelo Congresso dos EUA?

* Em caso afirmativo, teria Wilson sido autorizado por uma Resolução do Congresso dos EUA a agir em qualquer qualidade?

> O Presidente Wilson aprovou-o, e foi depois submetido à Balfour para assinatura. Nenhum acontecimento na história dos EUA é mais humilhante. Não há explicação para o facto de a Declaração ter sido escrita por Brandeis, que não ocupava qualquer cargo governamental, e depois submetida a Lionel Rothschild, que não ocupava qualquer cargo oficial no governo britânico. (Maria O'Grady)

As actividades de bastidores que tiveram lugar são explicadas pelo Dr. Jacob de Haas, na sua biografia de Justiça Brandeis:

> Um número considerável de rascunhos [da Declaração de Balfour] foram preparados em Londres e transmitidos para os EUA através dos canais do Gabinete de Guerra para utilização pelo Comité Político Sionista Americano. A ascendência americana nos conselhos de guerra levou os britânicos a procurar o consentimento do Presidente Wilson e a aprovação da linguagem da Declaração antes da sua publicação.

> O projecto que foi transmitido de governo para governo foi entregue ao regime Brandeis para a sua aprovação. Após uma revisão extremamente necessária, o Presidente Wilson, agindo através do Coronel House, que estava em plena simpatia com os

objectivos sionistas, autorizou a ligação ao Governo britânico da versão que foi publicada, e à qual todos os Governos Aliados, por sua vez, deram a sua aprovação.

O "regime Brandeis" refere-se ao Comité dos Assuntos Gerais Sionistas Provisórios do qual Brandeis era presidente. Pode o leitor imaginar isso? Rascunhos de cabos, os Estados Unidos, o Ministério da Guerra Britânico, todos a trabalhar para os sionistas! Que imenso poder que exercem!

Mais uma vez, não há qualquer menção a qualquer consulta com Hussein, Lawrence, os líderes árabes ou o povo da Palestina, nem parece que o Congresso dos EUA tenha tido conhecimento das negociações secretas entre o Comité Brandeis do governo não americano e Lord Rothschild, Wilson e Balfour. Apenas os sionistas foram consultados.

A maioria dos estudantes de intriga judaica suspeitos de planos e objectivos britânicos e judeus por detrás da Declaração de Balfour. Embora os Estados Unidos estivessem em guerra há quase sete meses quando a Declaração foi tornada pública, a sua importância como factor que envolve os Estados Unidos não passou despercebida.

Havia muitas provas para tirar conclusões definitivas. Contudo, as negociações governamentais para transacções desta natureza são sempre secretas, e é geralmente muito difícil obter provas conclusivas no momento da transacção.

Quando o evento é irreparável e perdido nas brumas do passado, os homens tendem a escrever as suas memórias e a vangloriar-se de façanhas secretas que uma vez abalaram o mundo. Foi o caso do Sr. Landman. Foi secretário honorário do Segundo Conselho Conjunto Sionista do Reino Unido, editor do *Sionista* e secretário e advogado da Organização Sionista. Mais tarde, foi conselheiro jurídico da Nova Organização Sionista.

Sob o título "Great Britain, the Jews and Palestine", publicado no *London Jewish Chronicle* em 7 de Fevereiro de 1936, o Sr. Landman escreve em parte como segue

Durante os dias críticos da guerra em 1916, quando a deserção russa era iminente e a opinião judaica era geralmente anti-russa, esperando que a Alemanha, se vitoriosa, lhes desse a Palestina em determinadas circunstâncias, foram feitas várias tentativas pelos Aliados para que a América entrasse na guerra do seu lado. Estas tentativas não foram bem sucedidas.

George Picot da Embaixada de França em Londres e Gout da Secção Oriental do Quai d'Orsay, que na altura estava em estreito contacto com o falecido Sir Mark Sykes do Secretariado do Gabinete, aproveitou a oportunidade para convencer os representantes dos governos britânico e francês de que a melhor e talvez única forma de induzir o Presidente americano a entrar na guerra era assegurar a cooperação dos judeus sionistas, prometendo-lhes a Palestina.

Ao fazê-lo, os Aliados alistariam e mobilizariam a força até agora insuspeita dos judeus sionistas na América e noutros locais a favor dos Aliados numa base de quid pro quo. Nessa altura, o Presidente Wilson atribuiu a maior importância possível à opinião da Justiça Brandeis.

Sir Mark obteve autorização do Gabinete de Guerra para permitir ao Sr. Malcolm abordar os sionistas nesta base, nem Mark Sykes nem Malcolm sabiam quem eram os líderes sionistas, e foi ao Sr. L. J. Greenberg que o Sr. Malcolm recorreu para descobrir a quem se devia dirigir... Os sionistas tinham cumprido o seu papel e ajudado a trazer a América, e a Declaração Balfour de 2 de Novembro de 1917 foi apenas a confirmação pública do acordo verbal de 1916.

Este acordo verbal foi feito com o prévio consentimento e aprovação não só dos governos britânico, francês, americano e outros governos aliados, mas também dos líderes árabes. Como já explicado em detalhe noutro local, o Dr. Weitzman e o Sr. Sokolow sabiam que o Sr. James Malcolm tinha vindo em seu nome como emissário do Gabinete Britânico de Guerra, que o tinha autorizado a dizer em seu nome que a Inglaterra daria a Palestina aos judeus em troca da ajuda sionista, através do Juiz Brandeis, para induzir os Estados Unidos a virem em auxílio dos Aliados. Tanto Sir Mark Sykes como Malcolm informaram os representantes árabes em Londres e Paris que, sem a ajuda americana, as perspectivas de um Estado árabe após a guerra eram problemáticas, e que deveriam, portanto, aceitar que a Palestina seria devolvida aos judeus em troca da sua ajuda para trazer os Estados Unidos à cena.

Após muitas buscas diligentes, não consegui encontrar os nomes dos "representantes árabes em Paris e Londres" alegadamente informados da trama para ir além das promessas feitas a Hussein bin Ali, Xerife de Meca e Medina, e ao Coronel Lawrence, e o Sr. Landman não nomeia estes misteriosos "representantes árabes". Isto levanta a questão "porque não? "Uma vez que menciona todos os outros pelo nome, porque é que os "representantes árabes" permanecem anónimos?

O que é perfeitamente claro é que nem Lawrence nem Hussein bin Ali foram informados do que se estava a passar, apesar de estarem a arriscar as suas vidas e as vidas dos seus homens na guerra contra a Turquia, e que não foram encontrados documentos que indicassem que estes dois homens tinham conhecimento das negociações secretas com os sionistas e que lhes tinha sido pedido que enviassem os seus representantes para Londres e Paris. Os sionistas foram informados, mas não o povo americano em cujas costas a guerra deveria ser travada.

CAPÍTULO 16

O 'pérfido Albion' faz jus à sua reputação

> Em qualquer caso, tal como o povo americano comum, Lawrence e Hussein bin Ali não sabiam nada do que Ramsey McDonald chamava "um triplo negócio" a decorrer nas suas costas. E quando chegou o momento de Wilson arrastar a América para o conflito europeu contra a vontade da grande maioria do povo, a sua desculpa inventada foi que a guerra era uma cruzada "para tornar o mundo seguro para a democracia". A traição de Wilson continua. O Dr. Bella Dodd escreveu em 1930 que as coisas eram tão más sob Wilson que ele sentiu que "a história moderna é em grande parte uma conspiração contra a verdade". (*A Conspiração Contra Deus e o Homem*, página 9)

Descobri que sem o apoio do Barão Edmond Rothschild, os colonatos sionistas russos estabelecidos em Rison, Zikron e Rosh Pina teriam falhado e não haveria praticamente nenhuma presença judaica na Palestina. Esta era uma parte fundamental da estratégia Rothschild para fazer parecer que os judeus já viviam na Palestina - um subterfúgio que funcionava.

Rothschild também ajudou a estabelecer duas novas colónias, Ekron e Medull. No total, vinte e um povoados agrícolas existiam até ao final do século, mas Rothschild não tinha confiança nas capacidades dos colonos e insistia em manter a supervisão e o controlo directos dos povoados. Hubert Herring, no seu livro *And So to War*, resume o preço que os EUA tiveram de pagar para que os sionistas tivessem a Palestina:

> Pagámos pela guerra. Pagámos com as vidas de 126.000 mortos, 234.300 mutilados e feridos. Pagámos com as vidas deslocadas

de centenas de milhares de pessoas que a guerra arrancou do seu legítimo lugar num mundo pacífico. Pagámos com os imponderáveis danos causados à nossa moral nacional pelos chicotes da histeria de guerra. Pagámos por ele com um período de confusão económica do qual ainda não saímos. O custo directo da guerra atingiu o valor de cinquenta e cinco mil milhões de dólares. A conta indirecta nunca pode ser calculada.

E qual era a contrapartida do lado sionista? Tanto quanto pude ver, não foi absolutamente nada. Um aspecto interessante é o fracasso de Herzl em obter a bênção do Papa Pio X para a imigração judaica para a Palestina:

> Não somos capazes de ajudar este movimento. Não podemos impedir os judeus de irem a Jerusalém, mas nunca podemos abençoá-la.

Segundo *A History of Zionism*, páginas 129-130, a troca teve lugar numa reunião com o Papa em 1903, o que significa que Lord Arthur Balfour sabia da forte oposição da Igreja Católica à imigração sionista para a Palestina muito antes de assinar a declaração, mas não informou ninguém. O padrão de dupla trapaça era assim já visível em 1903.

A oposição católica a Israel pode ter contribuído para o ódio violento dos Rothschilds à Rússia, que tem uma grande população cristã.

Herzl, o pai do sionismo, morreu com a idade de 44 anos. Segundo *A History of Zionism*, ele nunca se deu bem com os Rothschilds ou com os judeus ortodoxos, cujos principais rabinos não apreciavam o seu estilo autocrático. Herzl sempre quis ter a última palavra sobre tudo.

> Como os críticos de Herzl têm salientado, havia muito pouco que fosse especificamente judeu sobre Herzl. Isto é talvez mais evidente na sua visão do Estado judaico.

> Herzl visionou um estado moderno, tecnologicamente avançado e iluminado, iluminado pelos judeus, mas não especificamente um estado judeu (*A History of Zionism*, páginas 132-133)

É difícil argumentar que Herzl estava interessado na Palestina como uma "pátria" religiosa para os judeus, especialmente à luz do facto de a maioria dos novos colonos virem da Rússia e não terem tido qualquer ligação prévia com a Palestina e de não haver qualquer história de judeus russos que lá vivessem ou de qualquer religião em particular.

O verniz diz-o muito claramente. O Lord Chamberlain ofereceu-se para fornecer uma "pátria" para os judeus no Uganda, embora não fosse uma terra a ser dada pelo governo britânico. Chamberlain disse a Herzl que tinha visitado o Uganda e pensou: "Aqui está uma terra para o Dr. Herzl, mas é claro que ele só quer a Palestina ou os seus arredores. Ele estava certo. Herzl descartou a ideia fora de controlo. A sua fixação era pela Palestina e nada mais faria. Em 30 de Maio de 1903 escreveu a Rothschild: Não estou desanimado. Já tenho um homem muito poderoso para me ajudar. (*A History of Zionism*, Walter Laqueur, páginas 122,123)

Tal era o verdadeiro estilo autocrático de Herzl em acção. Embora não tenha conseguido descobrir quaisquer ligações directas entre os Rothschilds e Sir Halford Mackinder, a correspondência entre intermediários sugere que os dois homens consultados sobre uma série de assuntos, em particular a elaboração do plano para o futuro governo mundial, a Nova Ordem Mundial, cuja realização tinha sido confiada a Mackinder. Um protegido da London School of Economics, que era um viveiro de ideais comunistas, Mackinder cortou no entanto uma boa figura como conservador e acredita-se ter influenciado o Presidente Wilson na Conferência de Paz de Paris quanto às medidas que deveriam ser implementadas para trazer uma nova ordem mundial através de um mandato da Liga das Nações. Certamente que os Rothschilds foram fundamentais para a realização do sonho socialista mundial. Um mês após a chegada de Wilson à Conferência de Paz de Paris, foi publicado o novo livro de Mackinder, *Democratic Ideals and Reality*. O momento do lançamento do livro não foi um acidente.

No seu livro, Mackinder apela ao estabelecimento de uma Nova Ordem Mundial (NWO) sob um único governo mundial, ostensivamente a Liga das Nações. Se este objectivo não puder ser alcançado por meios pacíficos e voluntários, então deve ser utilizada a força.

Mackinder admitiu que, embora a Nova Ordem Mundial fosse idealmente uma instituição democrática, não se podia esperar que por vezes não fosse uma ditadura. Os sionistas afirmaram que a Liga das Nações era o seu conceito e Maria O'Grady refere-se a ele no seu livro onde ela afirma:

> O Presidente Wilson foi rodeado pela fraternidade financeira judaica, empurrado aqui e ali pelo sinistro Coronel House e aconselhado pelo Brandeis sionista. (Página 342)

Os sionistas promoveram grandemente o conceito da Liga das Nações e reivindicaram-no como sua criação:

> A Sociedade é uma ideia judaica, Nahum Sokolow disse na conferência de Carlsbad. Criámo-lo depois de uma luta de 25 anos.

Um governo mundial dominado pelos socialistas é o objectivo de longa data do socialismo, e é bem conhecido que este conceito foi favorecido pelos Rothschilds. Como membro da sua própria família, Jacob Schiff trabalhou arduamente para estabelecer uma Liga das Nações. Recebeu um presente de £3,000 de N.M. Rothschild, da filial londrina da família. Como veremos, pode ter havido um motivo oculto para isso, pois a Sociedade deveria desempenhar um papel decisivo na concessão de um mandato para a Palestina ao governo britânico, um passo decisivo no caminho para a concessão de uma "pátria" para os judeus na Palestina. Com isto em mente, regresso a Lord Balfour e à sua chamada "Declaração Balfour", baseada em trapaças, enganos e acordos secretos nas costas do Coronel Lawrence e dos Árabes.

Balfour foi rápido a explicar que uma "pátria judaica" na Palestina não significava a imposição de um Estado judeu aos habitantes da Palestina, mas à luz dos acontecimentos subsequentes, este tornou-se o objectivo sionista. Como Balfour o disse:

> ... mas a evolução da comunidade judaica existente para um centro no qual o povo judeu no seu conjunto poderia interessar-se e orgulhar-se por motivos religiosos e raciais.

O que Balfour não disse foi que nada do que os britânicos fizeram ou disseram podia disfarçar o facto de que a Palestina não lhes pertencia e que o governo britânico não tinha qualquer direito a obter um mandato para a Palestina. Mas Balfour, apoiada por Lord Nathan Rothschild, continuou a avançar, como se os dois homens tivessem o direito inerente de agir de qualquer forma arbitrária que considerassem adequada.

Lord Balfour ignorou totalmente o direito dos árabes e outros grupos populacionais, incluindo os cristãos, que data de há mais de 7000 anos. Walter Laqueur, um dos principais peritos em sionismo, confirmou que a maioria dos judeus que iriam habitar a Palestina ao abrigo da Declaração de Balfour provinha da Rússia. Não tinham qualquer ligação prévia com a Palestina. Laqueur salientou também que os judeus russos não estavam muito satisfeitos por serem desenraizados da Rússia e enviados para a Palestina:

> Os judeus russos estavam divididos na sua atitude em relação ao sionismo e a uma pátria nacional judaica (uma pátria religiosa) e de qualquer modo não teriam conseguido manter a Rússia na guerra. Por outro lado, os Aliados, para o dizer sem rodeios, teriam ganho a guerra mesmo que não tivessem sido feitas promessas aos sionistas.

O que Laqueur estava a explicar, embora de forma algo indirecta, era o "acordo" que os sionistas tinham feito com Balfour, nomeadamente que se os sionistas conseguissem que os EUA entrassem na guerra do lado dos Aliados, os britânicos estabeleceriam em troca um lar judeu na Palestina.

> Numa reunião privada, pouco depois da adopção da Declaração de Balfour, quando lhe perguntaram se tinha a intenção de solicitar apoio judeu na guerra, Balfour respondeu "certamente que não" e continuou a explicar que sentia que tinha ajudado a corrigir um erro de proporções históricas mundiais. Em 1922 Balfour fez um discurso em que declarou que toda a cultura europeia tinha sido culpada de grandes crimes contra os judeus, e que a Grã-Bretanha tinha tomado a iniciativa de lhes dar a oportunidade de desenvolverem em paz os grandes dons que no passado tinham podido aplicar nos países da diáspora. (*A History*

of Zionism, página 203)

Balfour não explicou porque se considerava legal dar a Palestina aos judeus quando pertencia a um povo que lá vivia há 7.000 anos, especialmente porque um grande pedaço de terra em Madagáscar, bem como terras no Uganda, tinham sido oferecidas e rejeitadas sem discussão. Nem Balfour explicou que o seu gesto magnânimo a favor dos judeus seria à custa da população árabe e de outras populações não judaicas da Palestina. Nunca explicou o que ligava a maioria dos novos colonos, da Rússia, à Palestina.

Segundo o Dr. Jacob de Haas, os protestos altruístas de Balfour devem ser questionados, pois o verdadeiro motivo da declaração era trazer os EUA para a guerra do lado dos Aliados.

A confirmação dos verdadeiros motivos da Declaração de Balfour veio de outra fonte bem fundamentada, Registo do Congresso, 25 de Abril de 1939, páginas 6597-6604, que reflecte um discurso feito no Senado dos EUA pelo Senador Nye:

> Foi publicada uma série de livros sob o título "A Próxima Guerra". Um dos volumes desta série intitula-se "Propaganda na Próxima Guerra". Este volume em particular foi escrito por um tal de Sydney Rogerson.
>
> Não consegui obter qualquer registo dos seus antecedentes; mas o editor de todos estes livros, incluindo o intitulado "Propaganda in the Coming War", é um homem cujo nome é reconhecido em todo o mundo como uma autoridade na Grã-Bretanha. É nada mais nada menos que o Capitão Liddell Hart, um associado do *London Times,* um escritor e uma autoridade militar na Europa.
>
> Compreendo que este volume particular intitulado "Propaganda na Próxima Guerra", publicado no Outono passado e posto em circulação, em vez de ter a sua circulação alargada, está agora a sofrer nas mãos daqueles que o desejam retirar de circulação. Há alguns dias, cheguei ao piso do Senado com o próprio volume. Lamento não o ter comigo hoje. Disseram-me que esta é a única cópia de "Propaganda na Próxima Guerra" disponível nos Estados Unidos. Está disponível, posso pedi-lo emprestado se tiver ocasião de precisar dele no Senado, mas já não é fácil de obter. Gostaria de ter o livro completo e que fosse lido por todos os membros do Senado.

As citações seguintes são de *Propaganda na Próxima Guerra*:

> De tempos a tempos, a questão de qual o lado que os Estados Unidos tomariam estava na balança, e o resultado final era um crédito à nossa máquina profanada. Isso deixa os judeus. Estima-se que dos 15 milhões de pessoas no mundo, não menos de 5 milhões estão nos Estados Unidos; 25% da população de Nova Iorque é judia. Durante a Grande Guerra, comprámos este enorme público judeu com a promessa de um Lar Nacional na Palestina, considerado por Ludendorf como um golpe de mestre da propaganda, pois permitiu-nos apelar não só aos judeus da América, mas também aos judeus da Alemanha.

George Armstrong, no seu livro *The Rothschild Money Trust*, explica como isto aconteceu:

> Não há dúvida que antes das segundas eleições do Presidente Wilson, em 1916, ele nos manteve fora da guerra. Também não há qualquer dúvida de que foi eleito com base nesse slogan. Porque mudou de ideias pouco depois das eleições? Porque fez ele um acordo com o governo britânico para ajudar os Aliados? Isto tem sido até agora um mistério inexplicável.

CAPÍTULO 17

Um carrossel de três vias decide o destino da Palestina

Ramsey McDonald chamou à Declaração de Balfour uma "tripla cruz", mas a Liga das Nações cometeu o primeiro de muitos erros ao conceder um mandato britânico a 23 de Setembro de 1923, provando desde cedo que não era um órgão imparcial por qualquer definição. Ao citar a Declaração de Balfour no preâmbulo da Comissão do Mandato, tratou dos problemas de imigração e da forma como se propunha tratá-los através de vários artigos, dos quais o artigo 22° era o mais vinculativo. Em parte alguma aborda a questão da cedência de terras britânicas que não lhe pertencem:

> Considerando que a Liga das Nações declara: Onde quer que as populações ainda não estejam em condições de se sustentarem, deve ser estabelecido um sistema de governo para elas, de acordo com a opinião aceite de que o bem-estar e desenvolvimento destes povos constitui uma confiança assustadora na civilização.

Para os inexperientes, a subtileza de como as garantias de Wilson foram contornadas pode não ser imediatamente aparente, mas o que o Artigo 23 fez foi negar as garantias de "autodeterminação e independência" de Wilson e substituí-las pelo direito imaginário da Liga das Nações de interferir nos assuntos das nações e Estados soberanos, profanando efectivamente a sua própria carta. Assim, deve tornar-se óbvio para as pessoas de direita que, desde o seu início, a Liga das Nações pretendia interferir nos assuntos internos das nações e Estados soberanos. Esta imoralidade e manobra política desleal continuou ainda mais vergonhosamente quando a Liga das Nações deu à luz o seu filho bastardo, as Nações Unidas, que concederam a Palestina aos sionistas em 1948, fazendo assim violência ao "direito inalienável dos povos" encarnado no Artigo 22 da longamente esquecida Liga dos Pais.

Lawrence da Arábia e o Xerife de Meca ficaram chocados com a traição da promessa britânica a Amir Hussein, que tinha combatido o exército turco até um impasse, acreditando nas promessas de Lawrence de que a Grã-Bretanha sempre cumpriu a sua palavra.

Na Conferência de Paz, os árabes foram representados por Amir Faisal, filho do Xerife Hussein. Tinha comandado as tropas árabes sob o coronel Lawrence, e foi signatário do Tratado McMahon-Hussein, que deu uma garantia escrita de que a Grã-Bretanha manteria o seu compromisso e promessa aos árabes em relação à Palestina.

Incapaz de compreender plenamente o inglês e o francês e não um homem habituado a intrigas e traições obscuras da sua palavra, Faisal não compreende o que se passa, pelo que apela a Wilson, que envia uma comissão americana, a Comissão Rei-Grane, à Palestina para investigar.

O que os membros da Comissão de Guindastes do Rei relataram a Wilson foi surpreendente: Noventa por cento da população da Palestina opôs-se a qualquer imigração judaica para a Palestina. Citação do relatório da Comissão:

> Sujeitar um povo tão determinado à imigração ilimitada e à constante pressão financeira e social para entregar as suas terras seria uma violação flagrante dos princípios que acabam de ser citados, e dos direitos do povo, embora estivesse de acordo com as formas da lei, com a melhor das intenções, é duvidoso que os judeus pudessem aparecer aos cristãos e muçulmanos como os guardiães adequados dos Lugares Santos, ou os guardiães da Terra Santa como um todo.

Os sionistas estavam determinados a enterrar o relatório. Wilson, curvando-se perante os sionistas à sua volta, comprometeu os seus princípios e um falso "sistema de mandato" substituiu a cláusula de "autodeterminação".

Sob a supervisão da Liga das Nações, é atribuído um falso "mandato" para a Palestina aos britânicos. A crença de Wilson na natureza "atrasada" das populações não europeias convenceu-o de que elas aceitariam o sistema de mandatos. O relatório da Comissão do Rei Grua foi posto de lado, deixando o imperialismo e o sionismo a triunfar sob o disfarce de mandatos. O relatório da Comissão simplesmente desapareceu.

Não foi publicado no *London Times* ou no *New York Times*, nem chegou a ser publicado na Câmara e no Senado. Repito, simplesmente desapareceu! Mas felizmente para "o direito inalienável dos povos à autodeterminação", o relatório foi publicado numa publicação menor chamada "Editor e Editora". Como e porquê "desapareceu"? Os leitores podem tirar as suas próprias conclusões, que são bastante óbvias.

> Quando o juiz Brandeis soube que os funcionários britânicos que administravam o mandato não favoreciam os judeus, partiu imediatamente para a Palestina, acompanhado pelo seu biógrafo, Dr de Haas. À chegada à Terra Santa, acharam que os relatórios eram demasiado verdadeiros. O Dr de Haas escreve que o Comandante-Chefe britânico e os ajudantes militares e civis consideraram a Declaração de Balfour como um episódio esquecido da guerra. O Juiz do Supremo Tribunal dos EUA falou directamente com a Balfour.

Uma nota adicional: insisto que um Juiz Supremo americano foi à Palestina para admoestar um funcionário britânico, um ministro dos negócios estrangeiros, e exigiu que a administração palestiniana fosse repreendida! Quem deu a este representante do governo não americano, não americano, essa autoridade? Por esta arrogante manifestação de poder, Brandeis intimidou todos aqueles que se opunham à política sionista para a Palestina.

> Algumas horas depois, o Ministério dos Negócios Estrangeiros britânico recordou às autoridades militares do Egipto e da Palestina não só o conteúdo verbal da Declaração de Balfour, mas também que a questão era uma "questão de julgamento", ou seja, de grande actualidade.

Vários funcionários palestinianos solicitaram intercâmbios desejáveis e o Coronel Meinertzhagen, um sionista empenhado, foi enviado para a Palestina. Não houve protestos, não houve agitação política. A diplomacia de acção directa da Brandeis tinha alcançado resultados. (Dr. Jacob de Haas, biógrafo de Justice Brandeis)

Como pode uma pessoa sem estatuto oficial no governo, sem posição oficial, ir para a Palestina e Grã-Bretanha e começar a exigir que os sionistas sejam obedecidos? Talvez devesse refazer os meus passos e ligar alguns dos fios.

É um facto que quando Brandeis foi ver Balfour, Balfour contactou imediatamente Lord Nathan Rothschild, que aparentemente deu luz verde aos passos que Balfour lhe disse que queria dar. Portanto, na minha opinião, existe uma ligação definitiva entre o avanço dos planos sionistas para a Palestina e Lord Rothschild, que nos leva directamente de volta a Balfour e depois a Brandeis.

* O ressentimento árabe virou-se para a violência em 1929;

* A controvérsia entre judeus e árabes sobre os direitos ao Muro das Lamentações no Templo de Herodes transforma-se num conflito aberto;

* Os árabes cristãos juntam-se aos maometanos contra os judeus.

Uma comissão britânica relatou que a agitação foi causada pelo medo crescente dos árabes de uma maioria judaica crescente e pela aquisição sistemática de terras pelos invasores. A Comissão recomendou a restrição da imigração e da aquisição de terras. Apesar dos gritos dos sionistas, as recomendações foram aceites. O governo britânico publicou as conclusões no chamado Livro Branco em 20 de Outubro de 1930. Em Novembro de 1938, o governo britânico anunciou que estava a abandonar a proposta de divisão e tentou promover um acordo entre os árabes e os sionistas. Os árabes tomaram a compreensível posição de que o seu país lhes tinha sido roubado e que as negociações eram como regatear com um ladrão para a devolução de alguns dos seus bens.

Quando os árabes e os judeus não conseguiram chegar a acordo, os britânicos anunciaram que tinham de encontrar a sua própria solução. No seu Livro Branco de 17 de Maio de 1939, rejeitou as suas anteriores interpretações da Declaração de Balfour como contrárias às obrigações britânicas para com os árabes. Os estadistas britânicos aperceberam-se provavelmente da injustiça da Declaração de Balfour para com os árabes, depois de ser demasiado tarde para fazer alguma coisa a esse respeito. O chamado Livro Branco MacDonald de 1939 era um desejo aparentemente sincero de corrigir o erro de 1917. Ao tentar racionalizar a política Balfour, o Livro Branco insistiu que a pátria judaica na Palestina já tinha existido. Para não deixar dúvidas sobre a posição futura da Grã-Bretanha, o Livro Branco afirmava:

"Por conseguinte, o Governo de Sua Majestade declara agora inequivocamente que não é sua política que a Palestina se torne um Estado judeu. Considera que seria contrário às suas obrigações para com o povo árabe ao abrigo do Mandato, bem como às garantias dadas ao povo árabe no passado, que a população árabe da Palestina se tornasse súbdita de um Estado judaico contra a sua vontade. A raiva judaica não conhece limites. A nova política britânica sobre o assunto significou a derrota dos seus planos cuidadosamente estabelecidos e eles não tinham intenção de deixar a controvérsia acabar com o Livro Branco. Lançaram uma campanha mundial de abusos contra o governo britânico, complementada por material de propaganda que distorceu completamente os factos. Finalmente, concluindo que a Grã-Bretanha, como o Mandato, nunca lhes permitiria estabelecer um Estado judeu na Palestina, os judeus embarcaram numa campanha de violência para pressionar os britânicos a repudiar o seu Livro Branco ou a entregar o Mandato às Nações Unidas. "

O Hagana organizado pelos sionistas segundo o modelo de um exército regular é mobilizado e mantido pronto a atacar. Dois grupos terroristas, o Irgun Zvei Leumi e o Bando da populaça, são desencadeados contra as autoridades do Mandato Britânico e o povo da Palestina. Os terroristas, seguindo as tradições dos seus irmãos Khazar na Polónia e na Rússia, assassinam, bombardeiam e pilham (Olivia Maria O'Grady)

CAPÍTULO 18

Os sionistas assumem o controlo da Palestina

Sem ir mais longe, temos agora a história da incursão sionista na Palestina, que resultou em três guerras, inúmeros actos de terrorismo e agitação, uma total falta de paz que tem atormentado a Palestina e o Médio Oriente e continuará a fazê-lo até que os direitos de todas as partes sejam reconhecidos com justiça para todos. Infelizmente, o erro da Liga das Nações foi perpetuado por uma criação igualmente bastarda, as Nações Unidas.

A 8 de Julho de 1919, o Presidente Wilson, tendo executado as ordens do Coronel House que as tinha recebido dos Rothschilds, regressou a casa.

Se Wilson esperava ser recebido como um herói conquistador, estava gravemente enganado. Uma indicação de que Wilson estava sob o controlo de personalidades estrangeiras pode ser deduzida do facto de não ter levado consigo um único membro da legislatura para Paris, nem mesmo um membro do seu próprio partido Democrata.

Os seus conselheiros eram na sua maioria banqueiros judeus de Wall Street e socialistas internacionais que também eram judeus. Um dos aspectos mais estranhos da sua viagem a Paris foi que ele e a sua comitiva aceitaram presentes de jóias no valor de mais de um milhão de dólares de um certo número de benfeitores não governamentais.

A tempestade política que se abateu sobre o Presidente quando este apresentou o seu plano para um governo mundial ao Senado dos EUA foi diferente de tudo o que ele já tinha experimentado antes. Muito provavelmente influenciado pela "atitude" prepotente em relação à Alemanha que presidiu aos debates em Paris, Wilson exigiu que o Senado ratificasse o tratado exactamente como foi apresentado, sem quaisquer alterações substantivas e sem debate.

Este foi um desenvolvimento espantoso na política dos EUA, que nunca tinha sido tentada antes. Foi tudo ou nada, baseado apenas nas sessões secretas fechadas realizadas em Paris (a delegação alemã permaneceu no hotel durante uma semana e não participou). Wilson não ficou sem o apoio de um membro americano da Sociedade Fabian, o Professor Shotwell, que mais ou menos disse ao Senado para se apressar e ratificar o tratado.

Shotwell era um membro sénior do governo secreto de alto nível dos EUA, o Council on Foreign Relations (CFR). O Senador Robert Owen, que tinha sido nomeado relator da Lei da Reserva Federal de 1919, especialmente criada para o efeito, era agora presidente da Comissão do Senado para o Tratado da Liga das Nações.

Outros que apoiaram o tratado de Wilson incluíram Eugene Delano, Thomas J. Lamont e Jacob Schiff. Lamont era há muito um simpatizante socialista-comunista da sociedade Fabiana, e Schiff ajudou mais tarde a financiar a Guerra Russo-Japonesa de 1904-5, e a revolução bolchevique na Rússia. Todos estavam ligados ou filiados aos Rothschilds.

Em particular, Schiff foi um banqueiro de Wall Street que iniciou a sua carreira bancária com o apoio financeiro dos Rothschilds, de quem foi criado.

A 19 de Março de 1920, o Tratado de Versalhes foi submetido ao Senado para ratificação, mas surgiram fortes objecções desde o início. As exigências de Wilson de que o tratado fosse adoptado "tal como está" enfureceram muitos senadores que propuseram uma série de emendas e reservas, que Wilson se recusou a aceitar com o conselho do Coronel House agindo em nome dos Rothschilds. A 19 de Novembro, o Senado rejeitou o Tratado de Versalhes com e sem reservas, encarando-o como um grande perigo para a soberania da Constituição dos EUA e uma tentativa de usurpar os seus poderes. A votação foi de 49-35.

Por uma vez, o Coronel House e os Rothschilds estavam do lado dos perdedores. Wilson fez então uma coisa extraordinária: vetou a resolução conjunta do Congresso que declarava o fim da guerra com a Alemanha! Neste ponto é necessário refazer os nossos passos: à medida que a Primeira Guerra Mundial se aproximava e Wilson tentava envolver a América nela, levantaram-se vozes iradas contra Wilson e a sua administração.

Na verdade, 87% do povo americano opõe-se à guerra, mas não pode prevalecer sobre os socialistas internacionais e os seus banqueiros internacionais. O *Chicago Tribune* opõe-se categórica e escandalosamente à entrada da América e declara que "Brandeis dirige a Casa Brandeis por telefone secreto". Cyrus D. Eaton declarou:

> A América envergonhou-se ao entrar na Guerra Mundial, enquanto mais tarde (1925), o Capitão H. Spencer, no seu livro *Democracy or Shylockcracy*,[4] citou um telegrama em que Sir William Wisemen, controlador britânico do MI6 do Presidente Wilson, disse, "Brandeis chamado Rothschild". O Juiz Dembitz Brandeis estava sem dúvida sob o controlo dos Rothschilds. Muito depois de o Senado norte-americano se recusar a ratificar o Tratado de Versalhes, ainda se ouviam fortes vozes de antiamericanismo.

Por exemplo, Paul Hymens, antigo Ministro dos Negócios Estrangeiros belga, afirmou:

> "A América recusou-se a ratificar o tratado e considerou ilegítimo o homem que foi à Europa para agir em seu nome". (*The New York Evening Post*, 16 de Julho de 1925)

Isto não era novidade no que diz respeito ao carácter do

---

[4] *Democracia ou usurocracia*, sendo Shylock o nome do agiota judeu em Shakespeare's *The Merchant of Venice*.

Presidente Wilson. Enquanto mobilizava todas as forças políticas que conhecia para trazer os Estados Unidos à Primeira Guerra Mundial sob intensa pressão dos Rothschilds via Coronel House, Wilson tinha violado grosseira e violentamente a Constituição dos EUA ao forçar através do Congresso dos EUA uma lei que previa o envio das milícias estatais para combater em França.

Esta continua a ser, na minha opinião, uma das piores violações da Constituição dos EUA na história americana; porque Wilson fê-lo contra a Constituição, sabendo precisamente o grave erro que estava a cometer, desafiando o seu juramento de posse.

Mas, antes de fornecer os detalhes do horrível crime de Wilson contra o povo americano, deixando de lado os crimes contra os árabes e palestinianos, gostaria de dar alguns factos até agora desconhecidos sobre o homem que foi o controlador de Wilson e alterou o ego, o Coronel Mandel House, simplesmente porque este homem misterioso e sinistro desempenhou um papel tão grande na história americana a partir das linhas laterais, mais o facto de ter sido um amigo próximo dos Rothschilds.

Edward Mandel House era o filho de Thomas William e Elizabeth (née Shearn). House imigrou para os Estados Unidos em 1837 e instalou-se no Texas, onde se envolveu na indústria do algodão e entrou na banca para e em nome dos Rothschilds.

House, o mais velho, sempre actuou como o agente de confiança dos Rothschilds. Edward foi educado em Cornell e tornou-se conselheiro do governador do Texas sem ocupar um cargo oficial, uma carreira que foi replicada na administração Wilson.

O Estado do Texas fez da jovem Casa um coronel honorário, um título a que se agarrou ao longo da sua extraordinária carreira. Não há qualquer indicação da razão pela qual o Estado do Texas favoreceu a Edward House.

No início de 1900, os Rothschilds enviaram a Casa para a Europa para aprender como os banqueiros controlam a política e os políticos. No seu regresso à América, a Casa tornou-se a principal luz da política democrática e foi ele quem escolheu Woodrow Wilson como candidato presidencial do Partido Democrata.

O House foi largamente responsável pelo sucesso de Wilson em ganhar as eleições e depois desenvolver as suas políticas, particularmente a política externa. Algumas autoridades reais sobre o assunto acreditam que o House foi o intermediário das ordens dos Rothschilds para a criação dos bancos do Sistema da Reserva Federal, embora a Constituição dos EUA proíba a criação de qualquer banco central para controlar a moeda do país.

É seguro dizer, então, que a Câmara presidiu durante vinte e cinco anos fatídicos que mudaram para sempre a face dos Estados Unidos e levaram a um governo federal sem lei que destruiu em poucos anos o que os Pais Fundadores e a geração seguinte tinham levado quase duzentos anos a construir.

Wilson foi o primeiro presidente dos EUA a assumir o estatuto de imperador de facto do que viria a ser o império dos Estados Unidos da América, a força motriz e líder de uma nova ordem mundial num único governo internacional socialista.

CAPÍTULO 19

Os Rothschilds estabelecem um banco central na América

Mudanças profundas tiveram lugar na Europa sob a tutela da dinastia Rothschild, talvez as mais importantes das quais são :

* A ascensão de Napoleão I como agente escolhido pelos Rothschilds para derrubar os monarcas da Europa;

* A queda da dinastia Romanov e a destruição da Rússia cristã às mãos dos comunistas bolcheviques;

* A Guerra Anglo-Boer do Genocídio, uma guerra muito importante na viragem do século XIX, que tem sido parcialmente ignorada.

Creio que estas mudanças mais profundas não poderiam e não teriam tido lugar sem a mão orientadora da dinastia Rothschild e o empenho dos seus vastos recursos financeiros para este fim.

Antes de passar aos acontecimentos na Rússia pré-Bolchevique, discutirei a história do que levou à intervenção Rothschild na África do Sul para assegurar os maiores campos de ouro e diamantes do mundo, que resultou na Guerra Anglo-Boer de 1899-1903.

Na década de 1830, os agricultores do Cabo (conhecidos como Boers) mudaram-se para o vasto interior desabitado no que ficou conhecido como o Grande Caminho. Ressentiram-se da interferência britânica nas suas vidas, particularmente a libertação de escravos. Ultrapassaram grandes dificuldades viajando milhares de quilómetros em carroças de bois, muitas vezes sobre montanhas escarpadas, e instalaram-se nas terras estéreis do que se tornaria as repúblicas do Estado Livre de Orange e Transvaal.

Quando enormes descobertas de diamantes e ouro foram feitas, as terras áridas foram imediatamente cobiçadas pelos Rothschilds que enviaram um agente na pessoa de Cecil John Rhodes para reclamar a posse e o controlo em seu nome. Em 1898, Rhodes, o agente Rothschild na África do Sul, pediu a Lord Rothschild que comprasse os interesses franceses nas minas de diamantes, abrindo o caminho para o controlo total da Rothschild.

O governo britânico "anexou" uma área do Estado Livre de Orange conhecida como Griqualand West (o local das descobertas de diamantes) e três anos mais tarde anexou o Transvaal, embora em ambos os casos não tivesse direito legal ou legítimo ao território, táctica que voltaria a utilizar na Palestina em 1917. (Ver A Declaração de Balfour)

Cecil Rhodes foi o principal instigador da guerra bôer. Os fabulosos campos de ouro com veios ricos, que se estendiam por 200 milhas de leste a oeste, eram um espólio brilhante que os Rothschilds estavam determinados a adquirir. O atrito com a Grã-Bretanha tornou-se endémico, pois os bôeres recusaram-se a reconhecer as reivindicações falsas da Rainha Vitória ao Estado Livre de Orange e às repúblicas Transvaal.

A rusga de 600 homens armados sob o comando de Starr Jameson para derrubar o governo bôer do Presidente Paul Kruger foi uma clara provocação.

Este foi um prelúdio da Guerra Anglo-Boer, que eclodiu em 1899, após as maquinações de Rodes para alcançar os objectivos desejados pelo governo britânico de capturar os campos de ouro e diamantes terem falhado.

Os Boers eram de ascendência holandesa, irlandesa, escocesa, inglesa e alemã. Tinham migrado para o extremo sul de África, conhecido como o "Cabo", onde os holandeses, e mais tarde os britânicos, tinham estabelecido uma estação de abastecimento de combustível, alimentos e água doce para os seus navios que faziam comércio entre o Extremo Oriente e a Europa. No local mais tarde conhecido como Cidade do Cabo, foi estabelecida uma próspera comunidade independente sob domínio holandês.

Nessa altura não havia negros (Bantus) em África a sul do rio Zambeze, no vasto hinterland vazio entre o Cabo e o rio Zambeze a norte. Apenas alguns 'hotentotes' nómadas - um povo não-bantu, do tipo mongol - viviam ao longo da costa do Cabo, ganhando uma vida precária através da limpeza das praias e do lixo. Logo se tornaram trabalhadores nas hortas da Companhia Holandesa das Índias Orientais. Mas os britânicos invadiram a Colónia do Cabo e criaram a sua própria administração sob a British East India Corporation (BEIC), uma empresa comercial de ópio sediada em Londres.

Deste início pouco auspicioso, nasceu uma comunidade próspera e animada na qual os holandeses estavam integrados. Após a invasão britânica, o BEIC em Londres começou a interferir seriamente nos assuntos internos da comunidade holandesa.

Os holandeses, que eram chamados "Boers" (agricultores), começaram então a organizar um plano para deixar o Cabo e "caminhar" (viajaram) através das vastas planícies desabitadas do norte. Após esta longa viagem, os Boers chegaram e instalaram-se nas terras desabitadas a que deram o nome de República do Estado Livre de Orange e República Transvaal. Gostaria de salientar que os milhares de quilómetros quadrados de terra pelos quais os bôeres passaram eram desprovidos das raças Bantu que viviam a norte do Zambeze. Ao contrário da história popular, os bôeres não tiraram o Estado Livre de Transvaal e Orange do Bantu.

A descoberta do mais rico depósito de ouro jamais conhecido trouxe Rodes à cena e a partir daí a rainha Victoria começou a afirmar a sua infundada reivindicação sobre as novas repúblicas. A guerra foi inevitável depois de Victoria ter rejeitado as propostas de paz do crente Paul Kruger.

A Rainha Vitória estava determinada a ir para a guerra, e em 1899 o governo britânico enviou os primeiros contingentes de tropas, que por volta de 1901 tinham crescido para uns impressionantes 400.000, para derrotar uma força de guerrilha que nunca chegou a ter mais de 80.000 homens no terreno, muitos dos quais tinham apenas catorze anos e setenta e cinco anos de idade.

A luta épica dos bôeres deve servir de modelo para todos os países ameaçados pelos grandes governos tirânicos. Durante quase três anos, os agricultores-soldados lutaram e derrotaram o orgulho do exército britânico.

Os Boers só concordaram em acabar com os combates depois de 27 000 das suas mulheres e crianças terem morrido em campos de concentração desumanos criados por Lord Kitchener e Alfred Milner, um servo dos Rothschilds. Depois de verem o seu gado abatido, as suas quintas queimadas e as suas mulheres e crianças morrerem aos milhares por causa das políticas genocidas de Lord Milner, os guerreiros bôeres foram forçados a regressar dos campos e depor as suas armas.

Ao longo da luta, Rodes manteve os seus mestres, os Rothschilds, plenamente informados e cumpriu as suas instruções à letra. Hoje, N.M. Rothschild ainda controla o comércio de ouro de Londres. Rodes operou numa altura em que o Império Britânico era a força política, económica e militar mais poderosa do mundo, mas os bôeres não tinham medo de enfrentar o Império numa guerra que sabiam não poder vencer, mas que combateram com espantosa coragem, determinação e bravura.

O Império Britânico era como os impérios persa, assíria, babilónica e romana, construídos sobre dois pilares: a despojamento da propriedade dos seus "domínios" e o uso da escravatura virtual dos habitantes para realizar esta tarefa.

As famílias 'nobres' de Inglaterra podem ser rastreadas até à nobreza negra veneziana e genovesa e às grandes famílias bancárias dessas cidades-estado. Eles eram os mestres da propaganda e não perderam o controlo, que foi a sua arma mais eficaz na Guerra da Boer e na Primeira e Segunda Guerras Mundiais. Por detrás do governo estavam as famílias bancárias, das quais os bancos Rothschild eram os mais poderosos e influentes. Alguns historiadores têm mantido a crença de que a fortuna que receberam da África do Sul "enriqueceu os Rothschilds".

Esta é uma afirmação com a qual não estou de acordo. Os Rothschild eram ricos para além da concepção muito antes do seu agente, Cecil John Rhodes, um mestre do engano e da trapaça, um homem que odiava o cristianismo, fez dos tesouros de ouro e diamantes da África do Sul o monopólio dos Rothschild. Dos documentos e papéis que estudei no Museu Britânico em Londres, é evidente que pouco antes da morte de Mayer Amschel a sua fortuna excedeu a fortuna combinada dos homens mais ricos do mundo.

A extensão total da fortuna Rothschild nunca foi revelada, mas o que se sabe é que tem crescido a um ritmo astronómico.

Amschel conhecia o poder do dinheiro e, tal como o velho John D. Rockefeller que adoptou a sua filosofia do segredo, Mayer sabia que o segredo é primordial para o sucesso. A sua convicção religiosa de que os judeus são o povo escolhido de Deus nunca vacilou, e demonstrou a sua crença em todas as ocasiões, públicas e privadas. Para dar uma ideia da riqueza dos Rothschilds, forneço o seguinte:

> O seu filho Lionel era amigo e conselheiro do Príncipe Consorte e Disraeli, cuja Sidonia em *Coningsby* é um retrato idealizado (e disfarçado) dele...

> Aprovou a Lei da Deficiência que permitiu aos judeus ocupar cargos em Inglaterra. Ele adiantou o dinheiro do governo britânico para o empréstimo de fome irlandês (cerca de $40.000.000) e também para a Guerra da Crimeia (cerca de $80.000.000) e durante vinte e quatro anos actuou como agente do governo russo.

> Foi fundamental para o financiamento bem sucedido da dívida nacional dos Estados Unidos, forneceu os fundos para a compra imediata das acções do Canal de Suez; foi também activo na facilitação do pagamento da indemnização francesa à Alemanha; na direcção das finanças do Império Austríaco e do empréstimo egípcio de 8.500.000 libras (cerca de $40.000.000).

(*The Jewish Encyclopaedia*, vol. 10, páginas 501-502)

A fortuna de Jacob (James) Rothschild, que era independente da de Lionel ou de qualquer outro membro da família, foi estimada pelos historiadores em 200 mil milhões de dólares na altura da sua morte, segundo o autor Armstrong que escreveu:

> "Mas isto foi apenas uma estimativa, uma vez que não foi apresentado qualquer inventário dos seus bens".

Isto foi, naturalmente, de acordo com um dos princípios declarados pela Amschel de que o sigilo deve ser mantido. Acima de tudo, os Rothschilds estiveram sempre envolvidos no financiamento de guerras.

O Hino Salomão (também conhecido como Haim) ajudou a financiar a Revolução Americana. Seligman Brothers e Speyer and Company financiaram o Norte e os senhores Erlanger o Sul durante a Guerra Civil. Mais recentemente, no grande desenvolvimento do financiamento ferroviário, Kuhn, Loeb and Company desempenhou um papel de liderança.

Embora não o diga em tantas palavras, é claro para qualquer pessoa com qualquer conhecimento dos bancos da época que os Rothschilds financiaram tanto o Norte como o Sul através dos homens da frente e dos bancos. Houve várias estimativas da riqueza dos Rothschilds, e uma que talvez soubesse melhor, o Conde Cherep-Spiridovich, estimou que eles ganharam 100 mil milhões de dólares só com a Primeira Guerra Mundial.

O historiador John Reeves, em *The Rothschilds: Financial Controllers of Nations*, dá uma boa visão geral das realizações dos Rothschilds:

> Mayer não poderia ter previsto que os seus filhos viriam, em anos posteriores, a exercer uma influência tão ilimitada que a paz das nações dependeria do seu aceno de cabeça; que o seu poderoso controlo dos mercados monetários europeus lhes permitiria estabelecerem-se como árbitros da paz e da guerra, uma vez que poderiam, à sua discrição, fornecer ou reter os meios pecuniários necessários para realizar uma campanha militar.

Mas, por incrível que pareça, foi isto que a sua vasta influência, combinada com a sua enorme riqueza e crédito ilimitado, lhes permitiu fazer, pois não havia nenhuma empresa suficientemente forte para se opor a eles durante qualquer período de tempo, ou suficientemente imprudente para empreender um acordo que os Rothschilds tinham recusado.

Uma breve nota de explicação: Os Rothschilds rejeitaram ocasionalmente uma oferta, por mais sólida que fosse, simplesmente para punir uma nação ou empresa em particular por algum delito, imaginário ou real. Se outros banqueiros tivessem aceite o que os Rothschilds rejeitaram, a sua punição teria sido rápida.

CAPÍTULO 20

A Constituição dos EUA espezinhada por legisladores corruptos na remuneração dos Rothschilds

Fiz muitas vezes a mim próprio a pergunta:

> "Como é que os Estados Unidos, com a sua Constituição, a lei mais elevada da terra, que proíbe um banco central, chegaram a ter uma instituição deste tipo, em total violação da Constituição? "

Para responder a esta pergunta seriam necessárias milhares de páginas de explicações, mas na breve discussão seguinte tentarei dar uma pista sobre como os bancos da Reserva Federal foram impostos ao povo americano.

Primeiro, o Federal Reserve Bank não é 'federal' porque é propriedade de accionistas anónimos e não do governo dos EUA. Por outras palavras, trata-se de um banco privado disfarçado de instituição do governo federal.

Como tal, não é responsável perante o povo americano, como o demonstra o facto de nunca ter sido auditada por auditores governamentais, como exigido por lei se fosse um banco estatal. O grande Louis T. McFadden, presidente do Comité Bancário da Câmara, disse uma vez no plenário da Câmara:

> "... O sistema bancário da Reserva Federal é a maior fraude da história, uma fraude contra o povo americano. "

Na sexta-feira, 10 de Junho de 1932, num debate na Câmara dos Representantes sobre o Banco da Reserva Federal, disse o corajoso McFadden:

"Sr. Presidente, temos neste país uma das instituições mais corruptas que o mundo alguma vez viu. Estou a referir-me ao Conselho da Reserva Federal e aos Bancos da Reserva Federal. O Conselho da Reserva Federal, um conselho do governo, cobrou ao governo dos Estados Unidos e ao povo dos Estados Unidos dinheiro suficiente para pagar a dívida nacional. As depredações e desigualdades do Conselho da Reserva Federal e dos Bancos da Reserva Federal actuando em conjunto custaram a este país dinheiro suficiente para pagar a dívida nacional muitas vezes.

Esta instituição perversa empobreceu e arruinou o povo dos Estados Unidos, arruinou-se a si própria e arruinou virtualmente o nosso governo. Fê-lo devido às falhas na lei sob a qual opera, devido à má administração dessa lei pelo Conselho da Reserva Federal, e devido às práticas corruptas dos abutres ricos que a controlam. Algumas pessoas pensam que os Bancos da Reserva Federal são instituições do governo dos EUA. Não são instituições governamentais. São monopólios de crédito privados, que se aproveitam do povo dos Estados Unidos em proveito próprio e dos seus clientes estrangeiros; especuladores e vigaristas estrangeiros e nacionais; e emprestadores de dinheiro predatórios e ricos. Nesta tripulação sombria de piratas financeiros, há aqueles que cortariam a garganta a um homem para tirar um dólar do seu bolso...

Os 12 monopólios de crédito privados foram impostos de forma enganosa e injusta a este país por banqueiros da Europa que agradeceram a nossa hospitalidade, minando as nossas instituições americanas. Estes banqueiros retiraram dinheiro deste país para financiar uma guerra contra a Rússia. Criaram um reinado de terror na Rússia com o nosso dinheiro... Financiaram as reuniões em massa de descontentamento e rebelião de Trotsky em Nova Iorque. Pagaram a passagem de Trotsky de Nova Iorque para a Rússia, para que ele pudesse ajudar a destruir o Império Russo. Fomentaram e incitaram a revolução russa e puseram à disposição de Trotsky um grande fundo de dólares americanos num dos seus bancos na Suécia. Foi dito que o Presidente Wilson foi enganado pelas atenções destes banqueiros e pelas posturas filantrópicas que adoptaram. Foi dito que quando descobriu como tinha sido enganado pelo Coronel House, virou-se contra aquele intrometido, aquele "monge santo" do império financeiro, e mostrou-lhe a porta. Ele teve a elegância de o fazer, e na minha opinião merece grande crédito por isso.

Em 1912, a Associação Monetária Nacional, sob a presidência do falecido senador Nelson Aldrich, relatou e introduziu um projecto de lei vicioso chamado Projecto de Lei da Associação da Reserva Nacional. Esta lei é geralmente referida como a lei Aldrich.

Ele foi o instrumento, mas não o cúmplice, dos banqueiros europeus que tinham vindo a conspirar durante quase 20 anos para criar um banco central neste país e que, em 1912, tinham gasto e continuavam a gastar enormes somas de dinheiro para atingir o seu objectivo.

... Sob a tutela daqueles sinistros personagens de Wall Street que estavam atrás do Coronel House, a instituição monárquica comida por vermes do "King's Bank" foi estabelecida aqui no nosso país livre para nos controlar de cima para baixo, e acorrentar-nos desde o berço até à sepultura. A Lei da Reserva Federal destruiu a nossa antiga e distinta forma de fazer negócios...

Impôs a este país a própria tirania da qual os autores da Constituição procuraram salvar-nos.

O perigo contra o qual o país foi avisado chegou e manifesta-se na longa série de horrores que acompanham os assuntos traiçoeiros e desonestos do Conselho da Reserva Federal e dos Bancos da Reserva Federal... A Lei Aldrich foi criada por banqueiros de origem europeia em Nova Iorque. Era uma cópia e geralmente uma tradução do Reichsbank e de outros bancos centrais europeus". (Nomeadamente o Banco de Inglaterra)

(Extracto do arquivo da Câmara dos Representantes, discurso do deputado Louis T. McFadden)

Na quinta-feira, 15 de Junho de 1933, McFadden foi de novo bater-se contra a imposição de um banco central à América, em clara violação da Constituição dos EUA. Falando perante a Câmara dos Representantes, McFadden queixou-se de que os banqueiros estrangeiros ficavam com o dinheiro e o crédito do povo americano, e concentrou-se em Jacob Schiff, que ele afirmou ser um agente dos Rothschilds:

Ele também atacou o Sr. Mayer, que é cunhado do Sr. George Blumenthal, membro da firma de J. P. Morgan and Company, que segundo sei representa os interesses dos Rothschilds... Quero deixar perfeitamente claro que ao colocar o Sr. Mayer à frente do Sistema da Reserva Federal, está a entregá-lo inteiramente a este grupo financeiro internacional.

Como é que os Estados Unidos foram forçados a entrar na servidão do sistema do Federal Reserve Bank? A resposta é realmente bastante simples:

Isto foi conseguido através do poder financeiro dos Rothschilds e de um grupo de traidores na Câmara e no Senado dos EUA que estão dispostos a vender as suas almas em troca de uma vida de opulência e facilidade. Tais homens podem ser encontrados em todos os países, e não há maneira de se protegerem contra a sua traição. Os seus actos vis continuam a colher uma colheita amarga. Por ousar revelar a verdade sobre como August Belmont entrou nos Estados Unidos com o único objectivo de obter o controlo de políticos que permitiriam aos Rothschilds impor o seu controlo da moeda e do crédito dos Estados Unidos, McFadden foi assassinado.

Houve três tentativas de assassinato, uma por tiro sem sucesso, e duas tentativas por envenenamento, a última das quais matou este grande e corajoso americano. Os seus assassinos nunca foram encontrados e ainda deve ser feita justiça.

Assim, um grande patriota cristão americano foi silenciado, um acto criminoso indescritível foi cometido, e a escravatura financeira foi imposta ao povo americano. Enquanto os representantes eleitos do povo na Câmara e no Senado dos EUA mantiverem o seu juramento, para preservar e proteger a América da devastação dos banqueiros internacionais que lideram o ataque do socialismo internacional contra a Constituição, as bênçãos da liberdade serão as bênçãos do povo americano.

Mas quando os nossos representantes se curvam perante o poder monetário dos banqueiros internacionais e se prostituem no altar do poder monetário dos Rothschilds, chegou o momento de nós, o povo, perdermos a nossa liberdade e os direitos garantidos pela

Constituição.

A Lei da Reserva Federal foi um golpe de marreta contra a Constituição, mais um prego no caixão de um povo americano outrora livre. A Lei da Reserva Federal foi uma progressão numa estrada que vai acabar na destruição total da Constituição. Um dos lacaios dos Rothschilds, Lord Bryce, disse que seriam necessários cinquenta anos para destruir a forma republicana de governo garantida ao povo americano pela sua Constituição. Lord Bryce previu que :

> A segurança proporcionada pela protecção da Constituição desaparecerá como a névoa da manhã.

Este é o mesmo Lord Bryce que, através de falsos testemunhos, publicou mentiras flagrantes sobre as atrocidades alemãs na Bélgica, que levaram os Estados Unidos à Primeira Guerra Mundial.

Tendo assumido o controlo dos principais bancos da Europa e tornando-se os credores de primeiro recurso a todos os governos continentais e ingleses, os Rothschilds assumiram então o controlo do Banco de Inglaterra. A fim de ocultar este facto, foi decretado que os nomes dos accionistas do banco nunca deveriam ser tornados públicos:

> Este poder permitiu o estabelecimento do padrão de ouro, primeiro no Império Britânico e depois em outros países, como indicado. Adquiriram uma participação de controlo no Banco de Inglaterra, do qual o falecido Lord Rothschild era o agente e governador de ouro.

> O Banco de Inglaterra é uma das suas muitas frentes. Não há dúvida de que têm uma participação maioritária na maioria dos outros bancos centrais de emissão. Em estrita adesão ao segredo que tem sido um princípio cardinal da liderança do Rothschild desde o início, o Banco de Inglaterra recusa-se a revelar os seus accionistas.

> Eles [os Rothschilds] enviaram um dos seus agentes, Paul Warburg, como representante na América, imediatamente antes da Primeira Guerra Mundial, para mudar os nossos sistemas bancários.

Através da sua propriedade e controlo de J. P. Morgan and Co. e Kuhn, Loeb and Co. bancos privados, eles eram proprietários e controlavam os principais bancos nacionais e empresas fiduciárias em Nova Iorque, e através deles controlavam o sistema federal em Nova Iorque... É essencial para o controlo da expansão e contracção do crédito à vontade que haja uma autoridade suprema com o poder de aumentar ou diminuir o volume de dinheiro em circulação à vontade.

Antes do regime Rothschild, este poder pertencia aos reis e imperadores do mundo, pois eles eram a autoridade suprema. No nosso país (os Estados Unidos), a nossa Constituição nacional conferiu este poder (unicamente) ao Congresso dos Estados Unidos... Sob a influência dos Rothschilds, os sistemas bancários do mundo foram todos radicalmente alterados. O poder supremo de emitir dinheiro, bem como de conceder crédito, foi transferido pelos vários governos para os banqueiros dos seus respectivos países. O Banco de Inglaterra tornou-se o modelo para os outros bancos centrais do mundo. Na altura da criação do Sistema da Reserva Federal, o nosso governo era o único de qualquer importância que até afirmava exercer o seu direito soberano de emitir e controlar o volume de dinheiro em circulação. A criação do Sistema da Reserva Federal implicou uma rendição completa à fraternidade bancária do poder soberano do povo americano para regular os títulos através dos seus representantes no Congresso, tal como lhes é garantido pela sua Constituição nacional.

O pânico de 1907 foi, como todos os nossos outros pânicos, um pânico manipulado. Foi causado pela recusa do Reserve Bank of New York de pagar moeda aos depositantes dos bancos do país, forçando assim esses bancos a recusarem-se a pagar aos seus depositantes em moeda. Deveu-se, portanto, principalmente a uma quantidade insuficiente de moeda em circulação e a um método inadequado de aumentar a oferta.

No meio da campanha para reformar o nosso sistema bancário e monetário (para evitar mais manipulações indutoras de pânico), Paul Warburg, um judeu alemão, veio de Frankfurt am Main, a casa dos Rothschilds, para a América. Quando aqui chegou, era na altura membro da Kuhn, Loeb and Company em Nova Iorque, a filial americana dos Rothschilds.

Aqui está um relatório da Inteligência Naval sobre ele, em Dezembro de 1918:

"Warburg, Paul, Nova Iorque, Alemanha; tornou-se americano naturalizado em 1911, foi condecorado pelo Kaiser; foi vice-presidente da Reserva Federal dos EUA, é um banqueiro rico e influente; lidou com grandes somas de dinheiro fornecidas pela Alemanha para Lenine e Trotsky; o súbdito tem um irmão que é o chefe do sistema de espionagem da Alemanha. "

O Sistema da Reserva Federal é o produto dos Rothschilds e a sua adopção foi conseguida pelos mesmos meios subterrâneos e enganosos que eles usam sempre para atingir os seus objectivos. É óbvio que Paul Warburg veio para a América para reformar o nosso sistema bancário e monetário e é óbvio que ele e os Rothschilds anteciparam então a Guerra Mundial [I Guerra Mundial 1914-1918], embora esta só tenha ocorrido três anos mais tarde.

Esta é a história sórdida do maior desastre que alguma vez se abateu sobre o povo americano. Rendemo-nos então a Jeroboam Rothschild e aos seus sucessores, domínio total sobre o nosso bem-estar e felicidade. Antes disso, grande influência era exercida pelos seus bancos Morgan and Company, e Kuhn, Loeb and Company, e suas subsidiárias, mas agora a sua autoridade é suprema e ilimitada. Esta rendição aperfeiçoou o seu controlo sobre a economia de todos os povos do mundo.

(Emmanuel Josephson, *Rothschild Money Trust*, páginas 36, 40, 41, 132 134 e 1600)

CAPÍTULO 21

Os Rothschilds frustram a Constituição dos EUA

O que é tão espantoso no audacioso desvio do crédito e da oferta monetária dos Estados Unidos por parte dos Rothschilds é que ele foi realizado apesar das disposições rigorosas da Constituição dos Estados Unidos que proíbe a criação de um banco central.

As palavras de Jesus Cristo na sua crucificação lembram-nos que ele disse: "Pai, perdoa-lhes, porque não sabem o que fazem". Esta oração pelo perdão era para e em nome dos soldados romanos, não para o Sinédrio, que tinha exigido a sua execução.

Isto é o que dizemos sobre os membros do Congresso dos EUA que não sabiam o que se estava a passar, não compreendiam o gigantesco esquema a que estavam a ser sujeitos e, o pior de tudo, ignoravam a Constituição que tinham jurado defender:

"Pai, perdoa-lhes, porque eles não sabem o que fizeram".

Mas para os traidores, os enganadores, os mentirosos e os traidores que sabiam o que estavam a fazer, digo que a morte por enforcamento por traição, tal como sugerido pelos autores da Constituição, teria sido para eles um destino demasiado misericordioso.

Alguns peritos na altura perguntaram-se porque é que a Lei da Reserva Federal foi introduzida quando o foi.

Duas razões vêm-me à mente. Com um presidente socialista dócil na Casa Branca, os arquitectos da Reserva Federal sabiam que a guerra era iminente. Era portanto essencial que o banco central estivesse operacional antes do início das hostilidades.

A história subsequente mostrou que a Lei da Reserva Federal foi aprovada a tempo para que a próxima guerra pudesse ter lugar. Sem o financiamento maciço fornecido pelos Estados Unidos, há todos os motivos para acreditar que a Primeira Guerra Mundial não teria acontecido.

A segunda razão é, evidentemente, a mais óbvia: O controlo total dos bancos e finanças dos EUA.

A aprovação da lei ilegal e inconstitucional da Reserva Federal permitiu aos Rothschilds, através da traição de Wilson, arrastar os Estados Unidos para a Primeira Guerra Mundial, o que resultou na morte de milhões de jovens cristãos, a flor das nações europeias e americanas, e custou aos Estados Unidos milhares de milhões de dólares.

Os traidores nunca foram punidos e a América ainda hoje sofre os efeitos dessa terrível guerra e da que se seguiu, bem como do estrangulamento dos Rothschilds numa América supostamente "livre", da qual continuam a fazer lucros obscenos.

Toda a verdadeira liberdade para o povo americano terminou no dia em que os Rothschilds assumiram o controlo do dinheiro, crédito e economia da América, criando os Bancos da Reserva Federal. Quando consideramos o poder dos Rothschilds de terem estabelecido o seu sistema bancário no coração da República Americana, lembramo-nos do seguinte verso: De que carne se alimenta o nosso César que ele se tornou tão grande?

É a história desta "carne" que tentei contar neste livro, e que talvez venha a lançar alguma luz sobre o mistério de como Wilson e Roosevelt foram capazes de impor a sua vontade ao povo americano, enquanto ainda tinham diante de si o exemplo chocante da traição do Presidente Woodrow Wilson.

Só pode haver uma resposta quanto à fonte deste poder: os agentes Rothschild na América que desejavam e procuravam activamente a entrada da América na Segunda Guerra Mundial. O livro *Propaganda na Próxima Guerra*, escrito pelo Capitão Liddell Hart, lança muita luz sobre como, pela segunda vez, o povo americano foi arrastado para uma guerra na Europa quando a grande maioria deles se lhe opôs totalmente, mas infelizmente o livro parece não estar disponível. O autor Armstrong disse:

> Aparentemente, é um livro semi-oficial do governo britânico. A destruição destes exemplares do livro foi provavelmente ordenada pelo Secretário de Guerra, o judeu Hoar-Belisha...
>
> O estabelecimento de uma pátria judaica não foi um assunto da Guerra Mundial nem do tratado de paz com a Alemanha.
>
> Os árabes eram nossos aliados e lutavam lado a lado com os soldados aliados. Foi um roubo indefensável realizado a sangue frio a mando dos "Velhos", Lloyd George, Woodrow Wilson e Georges Clemenceau (*Rothschild Money Trust*, páginas 65, 79)
>
> O pior é que o estabelecimento desta "pátria judaica" foi uma traição de sangue frio ao governo e ao povo árabes. Os árabes afirmam que foram induzidos a entrar na guerra do lado dos Aliados pela promessa de que a chamada Declaração de Balfour seria rescindida e que os árabes não seriam molestados na posse e propriedade pacífica do seu país.
>
> Isto não é negado pelo governo britânico, mas a desculpa é que Woodrow Wilson insistiu que os judeus conseguissem esta casa nacional e que Lloyd George concordou com ela como uma manobra política e para conseguir outras coisas no tratado de paz que queria. A Palestina é agora correctamente chamada "a terra duas vezes prometida". É provável que a Alemanha também o tenha prometido em troca do acordo russo (*Rothschild Money Trust*, página 70)

Um dos efeitos secundários menos notados da Primeira Guerra Mundial e do subsequente tratado de paz foi a desmonetização da prata, que tem sido uma parte importante dos sistemas monetários do mundo desde a antiguidade. A prata é um metal nobre, mas não é considerada como tendo o mesmo valor que o ouro pelos Rothschilds, embora tenha sido sempre uma boa defesa contra a inflação.

Nem dinheiro, nem moedas de ouro, nem guiões/certificados podem ser inflacionados. É muito provável, tendo isto em mente, que os Rothschilds tenham feito um grande esforço para desmonetizar o dinheiro e livrar-se do dinheiro real com valor intrínseco nos sistemas monetários do mundo. Não me proponho dar uma história do Banco de Inglaterra neste livro, a não ser referir-me a ele de tempos a tempos.

O Banco de Inglaterra foi e é o modelo para todos os "bancos de reserva fracionários", incluindo o ilícito Federal Reserve Bank dos Estados Unidos da América. A sua carta original foi alterada oito vezes até 1844, e não há dúvida que os Rothschilds tiveram muito a ver com as alterações posteriores, especialmente a Emenda Peel, que introduziu alterações radicais que favoreceram grandemente os bancos Rothschild.

A Emenda Peel foi aprovada em 1844 e o seu efeito imediato foi o de desmonetizar o dinheiro, que tinha anteriormente circulado como moeda em todos os países, ou mesmo em todas as nações, desde tempos imemoriais, como uma verdadeira moeda.

Isto foi feito porque os Rothschilds queriam as suas dívidas de guerra pagas em ouro, um facto que se tornou evidente quando se recusaram a aceitar o pagamento das dívidas da Guerra Civil em prata e exigiram que o governo dos Estados Unidos pagasse as dívidas exclusivamente em ouro. Não há dúvida de que a Emenda Peel previa tais coisas e foi aprovada especificamente para lançar as bases para o que se seguiria. A emenda também deu aos britânicos o monopólio do ouro, uma vez que detinham o ouro roubado aos Boers da África do Sul em 1899-1902.

A propósito, foi Peel que fez passar pela Câmara a Lei Anti-Semitismo, que permitiu a um judeu concorrer a um cargo público pela primeira vez na longa história da Inglaterra. Mas no meio de uma forte oposição, Peel caiu do seu cavalo enquanto cavalgava e morreu devido aos seus ferimentos. Ele era um cavaleiro de sucesso, o que torna o acidente ainda mais estranho. Isto deixou Disraeli como o principal protagonista da lei. O primeiro discurso de Disraeli na Câmara dos Comuns a 7 de Dezembro de 1847 como líder do partido foi afogado pelos seus opositores, liderados pelo temido irlandês, Daniel O'Connell.

Os autores do Acto Anti-Semitismo foram Sir Moses Montefiore, relacionado por casamento com os Rothschilds, e um dos dois Xerifes da Cidade de Londres. Embora judeu, Montefiore podia ocupar este alto cargo, uma vez que a Câmara dos Lordes não tinha jurisdição ou controlo sobre a cidade de Londres.

Montefiore tinha vindo à Câmara para receber autorização para ouvir o debate.

A lei foi introduzida não directamente, mas sob o nome que lhe foi dado, uma lei para remover restrições a todas as fés, o que os Rothschilds sempre fizeram, chamando a tal abordagem um "vento lateral".

Isto era para acabar com uma prática de longa data pela qual os judeus não podiam tornar-se magistrados, professores ou entrar no Parlamento; não podiam votar se se recusassem a fazer o juramento cristão e não podiam praticar a lei.

Lionel de Rothschild tinha recusado fazer o juramento cristão, e embora tenha sido eleito para a Câmara dos Lordes, não pôde tomar o seu lugar devido à sua teimosa oposição a fazer o juramento cristão.

A "Lei Judaica", como os Conservadores lhe chamavam, não desapareceria, mesmo após onze anos de oposição de deputados como Lord Derby, Lord Bentinck e Sir Robert Inglis, que, quando questionados sobre a razão pela qual os judeus deveriam ser excluídos do Parlamento, responderam:

> "Os judeus são aqui estranhos, e não têm qualquer pretensão de se tornarem cidadãos, a não ser conformando-se à nossa lei moral, que é o Evangelho".

Os Conservadores da Câmara dos Lordes opuseram-se firmemente ao "Projecto de Lei Judeu", como Lord George Bentinck lhe chamou, e ele explicou-o sempre que o Projecto de Lei surgiu durante onze anos. É preciso reconhecer a tenacidade dos Rothschilds, quando eles queriam algo, agarraram-se tenazmente a ele até o conseguirem. Como Lord Bentinck explicou:

> Considero a questão judaica como um assunto pessoal, como se fosse uma grande propriedade privada ou uma proposta de divórcio. Disraeli apoiará calorosamente os judeus, em primeiro lugar devido a uma preposição hereditária a seu favor e, em

segundo lugar, porque ele e os Rothschilds são grandes aliados. (Do Relatório Hansard)

Bentinck foi mais tarde encontrado morto, aparentemente de ataque cardíaco aos quarenta e seis anos de idade. Tal como a morte de Peel antes dele, a morte de Bentinck deixou muitas perguntas sem resposta, as mais relevantes das quais nunca foram abordadas.

A 20 de Fevereiro de 1849, a Lei da Eliminação das Deficiências Judaicas foi novamente submetida a uma terceira leitura na Câmara, sob a liderança de Disraeli. Na galeria sentou-se Louise de Rothschild, que observou o debate em nome de Lionel Rothschild. A medida passou por uma votação de 272 a 206, mas foi derrotada nos Lordes.

No ano seguinte, a 29 de Julho de 1850, Lionel de Rothschild tentou novamente ocupar o seu lugar, mas o escrivão recusou-se a deixá-lo e começou uma nova ronda de actividade frenética caracterizada por amargos debates.

O *Times* refere-se agora a esta medida como o "passatempo anual" do Parlamento. Depois de ter sido derrubado em 1849, 1851, 1853, 1856 e 1857, Disraeli tentou uma nova abordagem em 1858, alterando a redacção do juramento, mas os Senhores rejeitaram-na novamente.

Disraeli retaliou ao nomear um comité para considerar a base para a restauração do novo juramento e nomeou Lionel de Rothschild para o comité. Eventualmente, no meio de cenas inglesas e da oposição da retaguarda de Lord Derby, com uma escassa maioria de votos a favor, chegou-se a um compromisso: cada Câmara formularia o seu próprio juramento. Na suntuosa casa de Lionel de Rothschild houve grande regozijo pelo facto de "onze anos de gritos e gritos em todos os cantos da Casa" terem finalmente terminado.

A 26 de Julho de 1858, Lionel de Rothschild fez o novo juramento não cristão, apertando a mão a Disraeli quando estava prestes a fazê-lo, numa demonstração pública da gratidão que devia ao seu protegido, a quem tinha sabiamente e com grande previdência convertido ao cristianismo numa tenra idade, talvez em antecipação do inestimável serviço que acabara de prestar.

CAPÍTULO 22

Os Rothschilds quebram
a casa dos senhores

As comportas foram abertas. Lord Rothschild tomou o seu lugar, seguido em rápida sucessão por David Salomons, Sir Francis Goldsmith, Nathaniel de Rothschild, Frederick Goldsmid e Julian Goldsmid.

É interessante notar que nenhum destes homens representava o próprio partido de Disraeli, o Partido Conservador Unionista "Partido Tory". Mas o principal adversário, Earl Derby, que estava agora a perder o apoio do seu próprio partido, colocou as suas objecções por escrito:

> Sem demonstrar deslealdade ou desamor aos súbditos da fé judaica de Sua Majestade, os Senhores consideram que a negação e rejeição desse Salvador, em cujo nome cada Câmara do Parlamento oferece diariamente as suas orações colectivas para a bênção divina sobre os seus Conselhos, constitui uma inaptidão moral para participar na legislação de uma comunidade que professa a fé cristã. (Relatório Hansard)

Os resultados mais visíveis da Lei de Remoção das Restrições Judaicas foram permitir aos Rothschilds e outros judeus importantes o acesso à Câmara dos Lordes e abolir o muito odiado juramento cristão. Com a outra alteração, a Emenda Peel ao Banco de Inglaterra, as pessoas comuns, como é habitual, não tinham ideia de como estavam a ser enganadas e do que iriam perder. Os canalhas trabalharam de forma tão inteligente que enquanto as vítimas andavam com os olhos bem abertos, mas não compreendendo o que viam, os Rothschilds consolidaram o seu domínio sobre os sistemas monetários do mundo.

Claro que o engano ainda hoje é praticado, quando as moedas americanas são feitas para parecerem prata, quando não contêm prata nenhuma. A moeda americana poderia igualmente ser feita de plástico, mas isso não serviria, porque então as multidões poderiam aperceber-se do engano depois de todos estes anos! Até mesmo a *Enciclopédia Britannica* procurou ocultar o engano da Emenda da Peel:

> Era essencial, na tentativa de evitar os defeitos inerentes à nossa moeda, proceder com cautela, respeitar, tanto quanto possível, os interesses existentes, e evitar tomar medidas que pudessem excitar o medo ou a suspeita do público; mas as medidas foram tão habilmente concebidos a ponto de excitarem pouca oposição, ao mesmo tempo que fizeram mudanças muito importantes e benéficas... foram tão habilmente concebidos a ponto de excitarem pouca oposição, ao mesmo tempo que fizeram mudanças muito importantes e benéficas. (*Enciclopédia Britannica* Vol. III, página 323)

Por exemplo: A que se referiam os "defeitos"?

A principal "falha" era que, até agora, não era fácil fazer guerra, porque nunca havia dinheiro suficiente para estas guerras e o dinheiro tinha de ser encontrado através do aumento de impostos adicionais. Isto significava que a dada altura até as multidões adormecidas ficariam enfurecidas e revoltar-se-iam contra os pesados impostos.

A outra "falha" era que o papel-moeda tinha de ser apoiado por um milhão e o que era desejável era a prática completa do antigo sistema bancário de reserva fracionária da Babilónia, o que em inglês simples significava que os bancos podiam emitir uma certa quantidade de papel-moeda não apoiada por activos reais como a prata e o ouro. Sem estas mudanças e a inundação de papel-moeda que se seguiu à Emenda Peel e ao estabelecimento dos Bancos da Reserva Federal na América, não teria sido possível financiar e promover a Primeira e Segunda Guerras Mundiais. Não havia simplesmente dinheiro real para guerras tão dispendiosas, e o povo não teria estado disposto a pagar impostos adicionais para financiar tais desventuras.

De facto, não teria havido guerra do Golfo, nem invasão do Iraque em 2002, nem bombardeamento da Sérvia, nem guerra contra o Afeganistão - se não tivesse havido um fornecimento abundante de papel-moeda sem valor, os chamados dólares americanos. Aceites como tal em todo o mundo, são na realidade pedaços de papel emitidos por um sistema bancário privado, que não podem ser trocados por ouro ou prata.

Por que razão, nas palavras da *Enciclopédia Britannica*, foi necessário "proceder com cautela"? Se era uma necessidade honesta, porque deveria ter sido necessário proceder com cautela? Mas a enciclopédia deixa escapar o mau jogo do engano com as palavras "que pode excitar medos e suspeitas do público".

Pela sua própria admissão, aprendemos agora que era necessário ter cautela porque se estava envolvido num engano básico do público e que o engano tinha de ser "inteligentemente concebido para provocar pouca oposição".

Trata-se de uma admissão de engano e de fraude directa sobre o povo. Os autores sabiam muito bem que o povo se revoltaria se soubessem disso, pelo que a Emenda Peel teve de ser disfarçada de "mudanças altamente benéficas".

Quem foram os beneficiários destas "mudanças altamente benéficas"? Apenas um partido beneficiou, nomeadamente a dinastia Rothschild e os seus bancos mundiais.

Se isto não fosse verdade, as "mudanças altamente benéficas" teriam sido gritadas dos telhados de Londres e de todas as cidades do mundo. Mas as "mudanças altamente benéficas" foram para o benefício do império bancário Rothschild e não para os povos das muitas nações afectadas.

Embora Sir Robert Peel tenha introduzido a emenda ao estatuto do banco, o seu autor foi de facto Lionel Rothschild através do seu "valet", Benjamin Disraeli, que tinha criado e tornado famoso como Primeiro-Ministro de Inglaterra, da mesma forma que os Rothschilds criaram e tornaram famoso Napoleão I . A influência de Lionel Rothschild sobre o Banco de Inglaterra nunca diminuiu desde que ele assustou o banco para lhe dar o controlo de facto sobre as suas reservas de ouro, como explicado acima, ao exigir que o seu papel fosse trocado pelo seu ouro.

Vale a pena recordar que a 4 de Agosto de 1847, quando Disraeli tinha direito a um lugar no Parlamento, não tinha papel, porque não podia reclamar a posse por medo dos seus muitos credores, sendo a posse uma qualificação necessária, foi o Barão Mayer de Rothschild, o alto xerife do condado em que se situava a cidade de Aylesbury, que certificou Disraeli como candidato qualificado e depois o declarou devidamente eleito, depois de outro candidato, um tal John Gibbs, ter sido persuadido a retirar-se das eleições.

Mas o público não aceitou bem o resultado. Percebendo Disraeli como um intruso, foi recebido com apitos e apitos. Vale também a pena mencionar que, enquanto Disraeli se encontrava em circunstâncias financeiras muito difíceis que poderiam e deveriam ter afectado seriamente a sua carreira no Parlamento, foi Lionel de Rothschild quem comprou as suas dívidas e as perdoou. O caso é mencionado em *Disraeli* por Weintraub, página 401:

> Através de Philip Rose e Lionel de Rothschild, Montague liquidou todas as dívidas. Diz-se que o Montague mencionado "ofereceu-se para comprar as dívidas de Disraeli e cobrar uma taxa de juros abaixo da taxa de usura". Os críticos sugeriram que o verdadeiro 'comprador' das dívidas de Disraeli era, de facto, Lionel Rothschild.

> Outro facto indiscutível é que em Setembro de 1848 os Rothschilds ajudaram a comprar Hughendon, a casa de campo de Disraeli, através de um homem da frente, o Marquês de Titchfield. Como Disraeli escreveu à sua esposa Mary Anne, "Tudo está feito; vós sois a Senhora de Hughendon".

Menciono estes factos porque parecem confirmar a afirmação de que Disraeli era "um mero camareiro dos Rothschilds".

Um estudo dos métodos utilizados pelos Rothschilds para impedir o engano da Emenda Peel mostra que eles utilizaram exactamente o mesmo método para impedir a burla do povo americano por parte dos bancos da Reserva Federal. Em ambos os casos, o perpetrador e o beneficiário da parcela tinham uma e a mesma origem: a dinastia Rothschild.

O desastre de 1840 foi encenado e gerido pelos Rothschilds a fim de preparar o terreno para a crucial alteração de 1844, que seria tão benéfica para eles, pois pôs fim à influência restritiva do dinheiro e dos certificados de prata.

Os Rothschilds encenaram o pânico de 1907 que abriu o caminho para a versão americana da Emenda Peel, os enganadores e totalmente inconstitucionais Bancos da Reserva Federal, cujo projecto de lei foi conduzido através do Senado pelos seus muitos operacionais no local, incluindo o Senador William Aldrich. A Emenda Peel e a Lei da Reserva Federal são gémeos do mesmo progenitor, os Rothschilds, que usaram os seus homens de frente e lacaios para esconder os verdadeiros autores destas infames medidas enganosas fiscais e monetárias.

Como é que os Rothschilds conseguiram o duplo sucesso que colocou o jugo da escravatura à volta dos pescoços das pessoas comuns? Fizeram-no através da posse e controlo dos líderes de ambos os partidos políticos no Parlamento britânico e dos líderes políticos de ambos os partidos na Câmara dos Representantes e no Senado dos EUA. Desde então, nada mudou.

O status quo permanece em vigor. Estas duas medidas dão aos Rothschilds o controlo total da política monetária e fiscal do Império Britânico e o controlo monetário e fiscal total dos Estados Unidos, multiplicando assim não só a riqueza dos Rothschilds, mas também o seu poder de ditar a política aos governos britânico e americano, tornando-os "os senhores e senhores indiscutíveis dos mercados monetários mundiais".

Disraeli não disse que os Rothschilds tinham conseguido o controlo total das políticas externa e interna dos governos do mundo, mas havia pouca necessidade de o afirmar, como se tornou evidente na Conferência de Paz de Paris.

Sob as instruções dos seus mestres Rothschild, o Presidente Wilson e o Primeiro Ministro George organizaram dois comités que se chamaram "Comité Financeiro" e "Secção Económica".

Os agentes Rothschild Baruch e Thomas Lamont, um parceiro da J. P. Morgan and Co. foram nomeados para a Comissão de Finanças.

O resultado final líquido das deliberações e decisões dos dois comités tornou quase impossível à Grã-Bretanha e à França o pagamento das suas dívidas de guerra aos Estados Unidos, mais do que provável com a intenção de serem "canceladas", o que foram, no mais flagrante abuso da Constituição americana.

A Constituição dos EUA não previa e continua a não prever empréstimos e doações a potências estrangeiras, e muito menos a anulação de dívidas. Mas para os Rothschilds, era apenas mais um obstáculo a ultrapassar, e os Estados Unidos anularam milhares de milhões de dólares de dívida dos Aliados.

A intenção era muito claramente que as dívidas aos Rothschilds seriam reembolsadas e este era o resultado final geralmente aceite pelos governos ocidentais. Infelizmente, os agentes Rothschild do governo americano seguiram o plano que roubou ao povo americano milhares de milhões e milhares de milhões de dólares e enriqueceu os Rothschild com montantes semelhantes, tudo isto na mais flagrante violação da lei mais elevada dos Estados Unidos, a Constituição.

Na sua esteira, o desrespeito flagrante pela Constituição levou ao reforço do socialismo internacional que trouxe pobreza e sofrimento, com revoluções que conduziram à ascensão do comunismo.

Quem foi este Disraeli, um homem que teve um efeito tão profundo na história inglesa? Como é que ele alcançou a sua posição de poder?

Benjamin Disraeli (1804-1881), a quem foi dado o título de Lord Beaconsfield no final da sua vida, foi a primeira pessoa de origem judaica a tornar-se Primeiro-Ministro de Inglaterra.

Um estudo dos documentos do Museu Britânico mostra que Disraeli devia a sua ascensão à fama e ao poder apenas a Lionel Rothschild. Quando foi descoberto por Lionel, Disraeli estava num estado de pobreza desesperada, mas mesmo assim conseguiu subir ao poder e à fama porque Lionel Rothschild o encontrou como um servo útil.

Bismarck, outra das "criações" de Rothschild, afirmou que Disraeli estava por detrás do plano de derrubar os Estados Unidos através da guerra civil.

A Guerra Civil Americana foi o fratricídio mais insensato da história do mundo, e custou a vida de quase 800.000 homens. Foi uma guerra que nunca deveria ter acontecido, e nunca teria acontecido sem a "mão escondida" dos Rothschilds e do seu agente, Disraeli, em cuja alma o sangue dos mortos da Guerra Civil deve repousar para sempre.

> Lionel Rothschild tornou-se o mentor e guia de Benjamin. Desde os anos de formação do jovem Disraeli, Lionel tomou o comando e conduziu o seu protegido de um sucesso para o outro.
>
> Disraeli foi para Lionel o que Weishaupt foi para Amschel; Gambetta para James Rothschild III, o que Poincaré foi para Alphonse Rothschild IV e Édouard Rothschild V, ou como Kerensky (Kirbis) foi para E. Rothschild V... Disraeli foi o cavalo de Tróia que escorregou para as classes altas da Grã-Bretanha, abrindo o caminho para a infiltração de uma vintena de judeus como futuros Senhores e Ministros. Agora governam-na por completo. (*Vamos evitar a Segunda Guerra Mundial.* Conde Cherep-Spiridovich)

De acordo com Buckle's *Life and Death of Disraeli,*

> "nenhuma carreira na história inglesa é mais maravilhosa do que a de Disraeli, e até agora nenhuma tem sido rodeada de maior mistério".

Mas para Thomas Carlyle, o grande ensaísta e historiador inglês, Disraeli era um "aventureiro e um soberbo conjurador hebreu". Carlyle escreveu um livro notável sobre a Revolução Francesa e as suas muito aclamadas palestras sobre heróis fazem dele um melhor juiz de *Disraeli* do que *a História da Civilização de* Buckle *em Inglaterra*. O Professor William Langer também faz um trabalho mais realista de avaliação do valor de Disraeli, mas nenhum destes historiadores diz nada sobre o seu mentor e controlador, Lionel Rothschild. Cherep-Spiridovich é o menos caridoso de todos em relação a Disraeli:

> A política de Disraeli consistia principalmente no seu ódio à Rússia. Tomada em mãos por Lionel, Disraeli assumiu agora um desprezo triunfante, que seria digno de um Mefistófeles. Como era pálido, com olhos brilhantes e cabelo preto, adoptou um casaco de veludo preto forrado com cetim branco, luvas brancas, franjas penduradas de seda preta, um bastão de marfim branco com borlas pretas.

> Tudo isto foi diabolicamente combinado a fim de causar uma impressão mais forte nas velhinhas influentes. E graças a eles, Benjamin aprendeu em Londres todos os segredos necessários para o seu patrono, Lionel, com cujo dinheiro Disraeli obteve acesso às esferas mais altas.

Sarah Bradford, no seu livro *Disraeli,* afirma nas páginas 60 e 186 que Disraeli tinha "fortes sentimentos sionistas, que expressou em privado". Bradford menciona vários outros elementos significativos relativos ao patrocínio de Disraeli pelos Rothschilds:

> conheceram a sua esposa Mary Anne antes do casamento, contando como as senhoras Rothschild se tornaram cada vez mais íntimas dela. (Página 187)

> Disraeli era frequentemente recebido na casa de Anthony de Rothschild e era "considerado como parte da família". (Página 386)

Weintraub, o autor de *Disraeli,* conta como Lionel era próximo de Disraeli (página 243) e como ele próprio "considerava Lionel como o seu melhor amigo. "Ele viu-o mais do que qualquer outro em Londres e nunca precisou de um convite para jantar. Após a morte da sua esposa Mary Anne, Disraeli praticamente viveu na casa de Lionel (páginas 243 e 611) Anthony de Rothschild foi o melhor e mais gentil anfitrião do mundo (página 651)

Weintraub menciona que Alfred de Rothschild foi extremamente generoso com Disraeli. Não há dúvida de que Disraeli e os Rothschilds tinham uma amizade extraordinariamente próxima, indo muito além do que poderia ser compreendido no sentido normal.

CAPÍTULO 23

O substituto de Rothschild financiou o ataque à Rússia

Indiquei anteriormente neste livro que explicaria em pormenor o envolvimento dos Rothschilds na guerra entre o Japão e a Rússia em 1904-5. Na altura, o governo japonês pensou que estava a receber uma ajuda de Jacob Schiff que estava a trabalhar nos bastidores para fomentar as tensões entre a Rússia e o Japão, mas o que estava realmente por detrás do empréstimo que Schiff concedeu aos japoneses?

Os Rothschilds precisavam do Japão na sua busca para desestabilizar a Rússia. O seu ódio à família Romanov não tinha limites. O ataque da frota japonesa a Port Arthur preparou o cenário para a revolução bolchevique que se seguiria no devido tempo. Como Lionel Rothschild observou uma vez,

> "Não houve amizade entre o Tribunal de São Petersburgo e a minha família.

A Guerra Russo-Japonesa começou em 8 de Fevereiro de 1904. Os comunistas estavam jubilosos, vendo o ataque como uma oportunidade de dar um golpe contra o governo. Jornais russos como *Novoye Vremyo* acusaram os judeus sionistas de ajudar secretamente o Japão. Tinham razão, porque Jacob Schiff foi fundamental na concessão de vários empréstimos ao Japão.

Schiff estava relacionado com os Rothschilds por nascimento, em Frankfurt, a 10 de Janeiro de 1847. O seu pai era conhecido dos Rothschilds. Quando chegou à idade adulta, Jacob tornou-se corretor do banco Rothschild em Frankfurt. Durante 1865, os Rothschilds enviaram-no para Nova Iorque para estabelecer uma relação com a firma de Frank e Gans . Sob as instruções do Rothschilds, ele criou a sua própria firma de corretagem Budge, Schiff and Co. em 1867. A parceria durou cerca de seis anos e foi dissolvida em 1873, quando Schiff partiu para a Europa.

Depois de visitar empresas bancárias alemãs em 1873, regressou aos Estados Unidos em 1875 e tornou-se membro da empresa bancária de Kuhn, Loeb and Co. uma conhecida "fachada" para os interesses bancários Rothschild na América. Schiff odiava a Rússia e via uma guerra russo-japonesa como uma oportunidade para dar um golpe contra os czares e possivelmente acabar com o seu domínio sobre a Rússia.

Por sua ordem expressa, Kuhn, Loeb and Co. emitiu os três principais títulos de guerra japoneses em 1904 e 1905. Em agradecimento, foi-lhe atribuída a Segunda Ordem do Tesouro Sagrado do Japão. Após a derrota decisiva da frota russa em Port Arthur, o cenário estava preparado para a grave agitação que se seguiria na Rússia:

> - 28 de Julho de 1904: assassinato de Viacheslav von Plehve, o Ministro do Interior competente.
> - A 22 de Agosto de 1904, tumultos judeus eclodiram em Kiev, Rovno e Volhnia, e continuaram até Outubro.
> - 22 de Janeiro de 1905 Domingo Sangrento liderado pelo "Pai" Giorgi Gapon, um agente Rothschild.
> - 2-30 de Outubro de 1905 Uma greve geral a que todo o país aderiu
> - 22 Dezembro-1 Janeiro 1905-06 Levante dos trabalhadores em Moscovo
> - 2 de Maio de 1906 O despedimento do Conde Witte, reconhecido pelos historiadores como o início do fim do reinado Romanov

O assassinato de von Plehve foi previsto num poema judeu que circulou em Fevereiro de 1904, dirigido a "Haman". Facilmente identificável como o Ministro do Interior, declarou que o "novo Haman" morreria em breve. Na manhã de 28 de Julho de 1904, um terrorista chamado Sazonov atirou uma bomba a von Plehve quando se encontrava na praça em frente ao Depósito de

Varsóvia em São Petersburgo.

Pouco antes do surto da revolução bolchevique, Schiff deu 20 milhões de dólares a Lenine para servir a causa bolchevique. Não admira que o Papa Leão XIII tenha escrito na sua carta apostólica de 19 de Março de 1902, *Alcançou o Vigésimo Quinto Ano*:

> Incluindo a maioria das nações no seu imenso domínio, une-se a outras seitas cuja verdadeira inspiração e poder de condução estão escondidos. Primeiro atrai e depois retém os seus associados pela sedução dos benefícios materiais que lhes assegura. Dobra os governos à sua vontade, por vezes por promessas, por vezes por ameaças. Penetrou em todas as classes da sociedade e forma um poder invisível e irresponsável, um governo independente, como se fizesse parte do corpo social do Estado de direito.

E o Dr. Gerard Encausse, na edição de Abril de 1914 do *Mysteria*, afirma:

> A par da política internacional de cada Estado, existem certas organizações obscuras de política internacional ... Os homens que participam nestes conselhos não são políticos profissionais ou embaixadores brilhantemente vestidos, mas certos homens desconhecidos, grandes financiadores, superiores aos políticos vãos efémeros que imaginam que governam o mundo.

Antes de ser entregue aos conspiradores, Winston Churchill comentou sobre os acontecimentos na Rússia:

> Os espíritos governantes de uma seita temível, a seita mais temível do mundo, e com estes espíritos à sua volta, puseram-se a trabalhar com capacidade demoníaca para despedaçar todas as instituições das quais o Estado russo dependia. A Rússia foi derrubada. A Rússia teve de ser derrubada. Agora está deitado na poeira.

Churchill referia-se à fúria diabólica de Lenine e Trotsky, o terror e a destruição que eles causaram na Rússia cristã. (*Discurso na Câmara dos Comuns*, 5 de Novembro de 1919)

Lenine era apenas mais um servo dos Rothschilds enviado para fazer o seu lance. O seu ódio pelos Romanovs não conhecia limites.

O que enfureceu os Rothschilds foi a tentativa do Czar de formar um Império Sagrado que reconhecesse Cristo como seu governante. Há várias fontes que confirmam este antagonismo: o autor judeu A. Rappaport's The Curse of the Romanov's, o relato dos Romanov's, e o livro dos Romanov's. Rappaport's *The Curse of the Romanov's*, o relato do Professor William Langer, John Spencer Bassett's *The Lost Fruits of Waterloo* e documentos nos jornais privados de Lord Milner.

A Santa Aliança era vista como uma Liga Cristã das Nações, Áustria, Prússia e Rússia, com a esperança de que a Grã-Bretanha e a França e todas as nações da Europa aderissem. As nações deviam jurar fidelidade ao

> "o primeiro e único verdadeiro governante, a quem pertence todo o poder por direito divino, nomeadamente Deus, o nosso Salvador Divino, Jesus Cristo".

A figura de proa desta esperada aliança foi o czar Alexandre I, que fez tudo para que se tornasse realidade. Os Rothschilds expressaram imediatamente a sua oposição à aliança.

O Professor Langer define-o da seguinte forma, o que, na minha opinião, é uma conta tendenciosa:

> Em 26 de Setembro de 1815, a Santa Aliança, um documento redigido pelo Czar Alexandre I, assinado pelo Imperador Francisco I e Frederico Guilherme III e finalmente por todos os governantes europeus excepto o Príncipe Regente da Grã-Bretanha, o Papa e o Sultão da Turquia. Era uma declaração inofensiva dos princípios cristãos, que deviam guiar os governantes nas suas relações com os seus súbditos e uns com os outros.

> Estes princípios vagos e não conceptuais foram provavelmente concebidos pelo Czar como um mero prefácio a uma forma de organização internacional na linha das recomendações do Abade de Saint-Pierre um século antes.

> A importância do documento não reside nos seus termos, mas na sua subsequente confusão na mente pública com a Aliança Quádrupla e, mais particularmente, com a política reaccionária das três potências orientais, que foram vistas como estando

ligadas por um pacto contra as liberdades do povo, disfarçado de religião.

Em primeiro lugar, não foi "camuflada como religião". Esta foi a interpretação dos Rothschilds, que fizeram tudo o que puderam para impedir a Grã-Bretanha de assinar o documento.

Em França, os Rothschilds foram fundamentais na obtenção da "separação da igreja e do estado" para ajudar a dissolver a Santa Aliança. O livro de Rappaport explica:

> A restauração da paz na Europa deu ao czar Alexandre I grande satisfação. Alexandre dirigiu a sua atenção para a irreligiosidade das nações como a fonte dos males. Ele concebeu a ideia de reavivar o fervor religioso entre o povo e assim restabelecer um regime patriarcal, a pureza da vida familiar, a obediência à lei e a autoridade. Mas os governantes devem dar o exemplo e servir de modelo para os seus súbditos.

> Os governantes da Europa devem desempenhar as suas tarefas como governantes de impérios e reinos no espírito do fundador do cristianismo, que deve ser o elo de ligação entre os governantes e os seus povos e entre eles.

> (*Maldição dos Romanov's*, página 336)

Aparentemente, a Santa Aliança estava em desacordo com os planos dos Rothschilds se tivermos em conta os escritos do Conde Cherep-Spiridovich, que acredita que a partir desse momento, em 1815, os Rothschilds selaram o destino da Rússia e da família Romanov. O Cardeal Manning afirmou:

> Foi formada uma associação com o objectivo expresso de desenraizar todas as religiões das nações e derrubar todos os governos da Europa.

O cardeal pensava que a primeira vítima era a França na Revolução Francesa e que a Rússia era a sua segunda vítima. Há provas de que Disraeli não disse a verdade sobre a Rússia. Foram os Rothschilds que fomentaram a revolução bolchevique e a financiaram através das suas frentes bancárias de Nova Iorque de Jacob Schiff e J. P. Morgan, e em Londres através de Lord Alfred Milner. É um facto que Schiff deu 20 milhões de dólares a Trotsky para facilitar a sua tarefa de derrubar a Rússia cristã.

A história dos Rothschilds mostra que eles não hesitaram em gastar parte da sua imensa fortuna para atingir objectivos políticos. Ao fazê-lo, alcançaram um sucesso espantoso.

O facto de os Rothschilds terem e exercido um poder espantoso sobre nações e governos é evidenciado pelos seguintes factos:

O Kaiser teve de consultar os Rothschilds para ver se podia declarar guerra. Outro Rothschild suportou o peso do conflito que derrubou Napoleão (*The Patriot*, Dr. Stuart Holden, 11 de Junho de 1925)

A revolta na Geórgia (Cáucaso) foi encenada pelos Rothschilds (*Humanité*, Setembro de 1924, revista judaica)

Os Rothschilds podem começar ou prevenir guerras. A sua palavra pode fazer ou quebrar impérios. (*Chicago Evening Journal*, 3 de Dezembro de 1923)

Alphonse Rothschild concorda em pagar toda a indemnização da França à Alemanha, se a França o eleger rei (Diário de um Oficial da Ordem pelo Conde de Hemson)

Na última reunião decisiva do Gabinete Britânico a 3 de Julho de 1914, o Sr. Lloyd George convidou Lord Rothschild para participar no debate. O Primeiro-Ministro tinha jogado o seu jogo maléfico em nome dos Rothschilds, cujo mero instrumento ele sempre foi e permaneceu. Se a Inglaterra tivesse declarado honestamente que estaria ao lado da Rússia e da França, não teria havido guerra, pois o Kaiser nunca a teria permitido, apesar dos dez judeus que o rodeavam de perto: Bethman-Hollwig-Rothschild, Rathenau, Ballin e Dembury (*História não revelada*, Conde Cherep-Spiridovich)

Os Rothschilds têm sido a espinha dorsal de todos os eventos políticos e financeiros desde 1770. O seu nome deve ser mencionado em cada página da história de cada país. Os autores, professores, conferencistas e políticos que não os mencionam devem ser considerados duques, hipócritas ou criminalmente ignorantes. (*História não revelada*, Conde Cherep-Spiridovich)

A maioria dos arquivos contendo detalhes dos Rothschilds foram deliberadamente queimados em Paris durante a Comuna de 1871, dos quais Rothschild foi o principal financiador. (*La Libre Parole*, 27 de Maio de 1905)

Em Fevereiro de 1817, os Maçons, Bublikoff e outros, todos capangas de Rothschilds, foram para a Rússia e pararam os comboios de fast-food que iam para Petrogrado, a fim de provocar uma revolta do povo. (*História por contar*, Conde Cherep-Spiridovich)

A 15 de Fevereiro de 1911, Schiff and Co. instou o Presidente Taft a não renovar o tratado comercial de 1832 com a Rússia. Quando recusou, Schiff recusou-se a apertar a sua mão, dizendo "significa guerra". Seguiram-se os assassinatos de Luschinsky e do primeiro-ministro Stolypin e a guerra mundial. (*Para catástrofes; perigos e remédios*, Conde Cherep-Spiridovich)

Os Rothschilds têm-se misturado com reis, príncipes e potentados, acumularam enormes fortunas e títulos, senhores e barões, "Senhor" e "Senhora" e receberam incontáveis honras. Queriam esquecer os seus começos e o seu fundador que tornou tudo isto possível ao apropriar-se indevidamente do "maná" que lhe tinha sido confiado pelo Landgrave de Hesse-Cassel.

➤	Mayer Amschel	1743-1812
➤	Anselm Mayer	1773 - 1855
➤	Salomão	1774 - 1855
➤	Nathan	1777 - 1836
➤	Karl	1788 - 1855
➤	Jacob James	1792 - 1868

CAPÍTULO 24

Alguns pontos de vista sobre os Rothschilds, o seu papel na guerra, revolução e intriga financeira

Este capítulo consiste em opiniões e pontos de vista de vários autores e autoridades que não podem ser convenientemente incluídos no corpo do livro, uma vez que estão de certa forma desligados.

No entanto, na minha opinião, são importantes porque fornecem uma base para os escritos de historiadores e estudiosos que têm estado quase firmemente unidos na crença de que os Rothschilds foram uma das maiores forças em jogo nos séculos 18 e 19, e muito provavelmente ainda o são mais hoje em dia.

> A Primeira Guerra Mundial valeu a Edward Rothschild mais de 100 mil milhões de dólares. (Conde Cherep-Spiridovich)

> Esta poderosa revolução que está agora a ter lugar na Alemanha, e da qual tão pouco se sabe ainda, desenvolve-se inteiramente sob os auspícios dos judeus, que monopolizam quase todas as cadeiras profissionais na Alemanha (*Coningsby*, Disraeli, página 250, escrita sobre os acontecimentos de 1844-1848)

> Os historiadores concordam que ele se referia aos Rothschilds. Praticamente todas as guerras e revoluções posteriores foram financiadas pelos Rothschilds (Disraeli in *Coningsby*, páginas 218-219)

> A Liga das Nações é uma ideia judaica. Criámo-lo após 25 anos de luta (Nathan Sokolow, líderes sionistas no Congresso de Carlsbad, 27 de Agosto de 1932)

> A Liga das Nações é inteiramente gerida por judeus: Paul

Hymans, Sir Eric Drummond, Paul Mantaux, Major Abraham, Sra. N. Spiller, O "valet" judeu, Albert Thomas que ajudou com milhões franceses a entronizar os bolcheviques na Rússia, é "chefe da secção do trabalho". Ele recebe um salário fabuloso". (*Le Péril Juif La Règle d'Israël chez les Anglo Saxons*, B. Grasset, Peres, França)

Mais uma vez, isto parece referir-se aos Rothschilds e tenho o cuidado de salientar que na maioria dos casos "judeus" podem ser substituídos por "Rothschilds".

O movimento moderno de revolução social pode ser traçado até meados do século XVIII. Desde essa altura tem havido um fluxo contínuo de agitação subversiva, assumindo muitas formas, mas essencialmente a mesma, alargando-se e aprofundando-se numa verdadeira inundação, que submergiu a Rússia e ameaça engolir a nossa civilização. (*A Revolta Contra a Civilização*, Lothrop Stoddard)

Os grandes movimentos revolucionários começaram em meados do século 18, quando em 1770 Amschel Rothschild se tornou gerente do Landgrave de Hesse-Cassel. Amschel contratou todos os Miliukovs, Kerenskys, Lenins e outros do século 18 para iniciar a sua agitação subversiva, tal como E. Rothschild contratou os do século 20. (Conde Cherep-Spiridovich)

Factos de importância mundial são conhecidos por muito poucos homens, e precisamos de mais factos. A humanidade não pode encontrar a luz se não tiver factos. (Editor do *Chicago Daily News*)

O que é esta formidável seita de que o Abade Barruel falou no século XVIII e Churchill no século XX? A resposta pode residir no poder do cristianismo e da civilização baseada no cristianismo. Era uma potência fora da Rússia; era uma potência mundial e era suficientemente forte para derrubar a Rússia, e também a Casa de Hohenzollern. (*Cause of World Unrest*, Nesta Webster, página 35)

Lloyd George disse que não acreditava que algum estadista ou líder tivesse causado a guerra. Pode passar um século até que o mundo conheça toda a verdade. (Senador Copeland, Registo do Congresso)

A Casa do Rothschild com alguns co-religionistas conspiram para ser donos do mundo (*The Secret of the Rothschilds*, Sra. Mary Hobart)

O Kaiser teve de consultar o Rothschilds para saber se podia declarar guerra. Outro Rothschild suportou o peso do conflito que derrubou Napoleão (*The New York Times*, 22 de Julho de 1924).

Nos arquivos imperiais em Berlim, foi encontrada uma carta de Rothschild a Wilhelm II, pedindo guerra (*The Truth About the Jews*, Walter Hurt, página 324)

Para o público, os arquivos da família (os Rothschilds) que poderiam lançar tanta luz sobre a história são um segredo profundo, um livro selado mantido escondido (*The Rothschilds, Financial Rulers of the World*, John Reeves, página 59)

Bismarck, Beaconsfield (Disraeli), a República Francesa, Gambetta, etc., todos parecem formar uma força intransponível. Uma mera miragem. É o judeu sozinho com o seu Banco que é o seu dono e que governa toda a Europa. O judeu preferirá o VETO e de repente Bismarck cairá... Para os Rothschilds, nada poderia ter acontecido mais auspiciosamente do que o surto da Revolta Americana e da Revolução Francesa, pois ambas lançaram as bases para a imensa riqueza adquirida desde então. (*The Rothschilds Financial Rulers of the World*, John Reeves, página 86)

A Sra. Nesta Webster não pode escapar à conclusão de que são os financiadores internacionais que fornecem o dinheiro (para revoluções e guerras.) São antes os financiadores judeus que fornecem os fundos; são os judeus que têm sido os agentes-provocadores das revoluções das revoluções durante dois mil anos. São os judeus que constituem o conselho interior secreto dos cinco principais movimentos horríveis organizados em acção com os quais o governo organizado deve lidar (*The New York Times*, 8 de Março de 1925)

Em toda a história, ninguém despertou emoções tão opostas e intensas, nem granjeou tanta admiração, medo e ódio por parte da humanidade. (*Napoleão*, Hebert Fisher)

Um homem, Napoleão, nascido sem qualquer vantagem de riqueza ou alta descendência, fez-se senhor do mundo antes dos

35 anos de idade e terminou a sua carreira de incomparável impossibilidade romântica aos 46 anos. (*How Great Was Napoleon?* Sydney Dark)

Em conclusão, é espantoso que os mesmos líderes mundiais de elite que têm o poder de iniciar guerras em seu próprio benefício também possam derrubar e relegar para a obscuridade aqueles líderes nacionais outrora importantes que se opõem aos seus grandes desígnios, especialmente os seus planos de estabelecer uma Nova Ordem Mundial dentro de uma estrutura mundial ditatorial. A menos que um contra-ataque possa ser montado para se opor a estes planos, o mundo poderia muito bem ser mergulhado na escuridão de uma ditadura brutal até 2025.

Já publicado

A história da criação das Nações Unidas é um caso clássico da diplomacia do engano

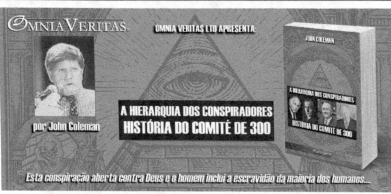

Esta conspiração aberta contra Deus e o homem inclui a escravidão da maioria dos humanos...

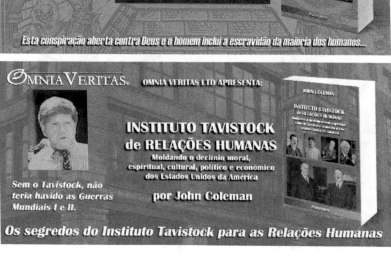

Os segredos do Instituto Tavistock para as Relações Humanas

Printed in the USA
CPSIA information can be obtained
at www.ICGtesting.com
LVHW021125101123
763485LV00087B/3361

9 781805 400356